U0906428

# 和情绪做朋友

## 优秀的人，不会让情绪拖累人生

张笑恒 著

天津出版传媒集团
天津人民出版社

图书在版编目（CIP）数据

和情绪做朋友: 优秀的人，不会让情绪拖累人生 / 张笑恒著. -- 天津: 天津人民出版社, 2021.1

ISBN 978-7-201-16811-1

Ⅰ. ①和… Ⅱ. ①张… Ⅲ. ①情绪-自我控制-通俗读物 Ⅳ. ①B842.6-49

中国版本图书馆CIP数据核字（2020）第238723号

**和情绪做朋友：优秀的人，不会让情绪拖累人生**

**HE QINGXU ZUO PENGYOU: YOUXIU DE REN, BUHUI RANG QINGXU TUOLEI RENSHENG**

---

出　　版　天津人民出版社
出 版 人　刘　庆
地　　址　天津市和平区西康路35号康岳大厦
邮政编码　300051
邮购电话　（022）23332469
电子邮箱　reader@tjrmcbs.com

责任编辑　李　羚
出版策划　春风化雨
策划编辑　屋里安
装帧设计　末末美书

制版印刷　北京柯蓝博泰印务有限公司
经　　销　新华书店
开　　本　880毫米×1230毫米　1/32
印　　张　9
字　　数　220千字
版次印次　2021年1月第1版　2021年1月第1次印刷
定　　价　39.80元

---

# 前　言

很多时候，有的人会莫名其妙地感到愤怒，有的人看悲情电视剧也会不自觉地悲伤，还有的人时常会出现焦虑、绝望、害怕等不同的表现。为什么人们的心情会如此多变？其实，这是情绪在作怪。

情绪是什么？书中的第一章对此进行了详细介绍。它告诉我们，生活中那些让我们精疲力竭的经历往往并不是事物本身的问题，而可能是我们对情绪的控制出现了问题。

情绪，常常在我们的心理活动中发挥着重要作用。当你心情舒畅时，做什么都胸有成竹；当你心情郁闷时，看什么都觉得碍眼，认为全世界都在和你作对；当你焦虑的时候，觉得做什么都没有安全感……

我们常常受制于情绪，并且在它的左右下，做出对自己不利的选择。但这并不能成为我们与情绪对抗的理由，与之相反，我们可以选择和情绪成为朋友，利用积极的情绪将自己变成一个乐观的人。

有一位哲学家说：“一个稳定平和的情绪，比一百种智慧更有力量。”无论是开心、悲伤、愤怒，还是焦虑，都应该臣服于我们的内心，我们要做情绪的主人，去掌控情绪，而不是被情绪主宰和奴役。

人们习惯将情绪分为积极的和消极的，并且乐意亲近积极的情绪，远离消极的情绪。但其实，情绪本身并没有好坏之分。它只是我们心理的晴雨表，真实地反映出我们的各种心理状态。

正确地认知情绪，不但能够帮助你及时发现隐藏在心底的问题，而且能够让你以积极的态度面对生活中发生的各种失败。比如说：

当你察觉到自己不开心的时候，不要怨天尤人，少想让你不开心的事情。你要学会正确地引导自己远离烦恼，比如你可以做一件喜欢的事情，将注意力从不开心的事件上转移开。学会知足常乐，让快乐的阳光洒进心灵。

当你愤怒的时候，要懂得如何控制和分解怒气，比如不要把原因归结为环境，不要放任自己的愤怒情绪，可以尝试打坐，让自己的内心安定下来。

当你觉得自己悲伤的时候，不要害怕，更不要强迫自己快乐。人人都有坏情绪，你要学会接纳。即使事情再糟糕，你也可以往积极的方向想，发现自己存在的优势。当然，你也可以给自己找一个合适的“出气筒”，但要注意不要迁怒别人。

当你的心情产生波动的时候，要学会用淡定的眼神看世界，不要活在别人的目光之中。人生是自己的，你只要对自己负责即可。学会顺其自然，在恰当的时间做恰当的事情，你的情绪就会变得稳定平和。

当你察觉到自己很疲惫的时候，及时停下来，休息！你可以反思一下，自己是不是已经沦为了“穷忙一族”？是不是被困囿在了繁忙的工作之中？学会休息，告诉自己不是每件事都值得去做。远离“快节奏综合征”，你的心灵才能得以救赎，轻松才愿意靠近你，享受的状态才会启动。

当你不满的时候，比如为别人不经意的一句话生了一天闷气，经常把“气死我了”挂在嘴边时，不妨仔细想想，是别人存心惹你生气，还是自己太过敏感了。不满人家，苦了自家，放宽心，放别人一马，同时也放自己一马。

当你焦虑的时候，往往是只担心未知的明天，或者是不能在某个年龄段实现所谓成功的目标，却忽略了当下的重要，忽略了拥有的就是幸福。就算是亿万富翁也有发愁的事儿，别让毫无根据的想象害了你，放下不必要的担心，享受现在的状态。

当你嫉妒的时候，习惯拿自己拥有的各种东西与别人进行比较，房子、车子、爱人、孩子等皆是攀比的对象。可是，比较不能加深幸福感，反而加剧了心理的不平衡感。为什么总是羡慕别人的幸福？其实当你在羡慕别人的时候，别人又何尝不在羡慕你？要学会给自己找点儿平衡，“与其临渊羡鱼，不如退而结网”。

当你浮躁的时候，要明白，这算是现代人的通病。看着别人买彩票一出手中了五百万，看着别人年纪轻轻就功成名就，心灵的脚步就慌了乱了。彩票的概率实在是不敢奢望，别人的成功也许有机遇的帮助，但离不开脚踏实地的日积月累。想站在辉煌的人生顶峰，没有捷径，唯一的方法就是一个台阶不落地爬上去。

# 目　录
# Contents

## Chapter *1*
## 情绪不失控，才能掌控人生

## Chapter 2
# 情绪管理从接纳自己开始

## Chapter 3
## 认知改变了，情绪就对了

## Chapter *4*
# 停止讨好，避免被“情绪勒索”

## Chapter 5
# 察觉你内在的负面情绪

## Chapter 6
## 正解情绪与压力的关系

## Chapter 7 不可不知的情绪心理学效应

Chapter *8*

## 构建积极的情绪调控模式

Chapter *1*

# 情绪不失控，才能掌控人生

## 揭开情绪的神秘面纱

有时候，有的人上一刻还很高兴，下一刻忽然就情绪低落，不愿意和人说话；有的人正和他人好好地聊天，却忽然因为对方的一句话而大发雷霆；有的人明明正高兴地和朋友一起吃饭，却因为对方的一个小细节而忽然悲伤……为什么人们这么善变？其实，这一切都是情绪在作祟。

很多人疑惑：为什么人会有各种各样的情绪？为什么人会因为情绪的变换做出不同的事情？我们的情绪到底从哪里来，又往哪里去呢？情绪看似触手可及，问其究竟却又不得而知，就像蒙着一层神秘的面纱，引得人们不断地去探寻。我们不妨一起来揭开蒙在“情绪”上的神秘面纱，去探寻有关“情绪”的奥秘。

情绪是什么？情绪其实就是人们主观认知经验的统称，是人们的需求是否获得满足的一种反映。当人们的需求获得满足时，就会产生如高兴、喜悦、满足等积极情绪；当人们的需求没有获得满足时，就会产生愤怒、生气、悲伤等消极情绪。

根据马斯洛需求层次理论，我们可以发现，人们既有物质需求又有精神需求。因此，产生情绪的原因是多种多样的。

情绪是从情感而来的，当情感得不到宣泄、满足时，心理就会遭受冲击，并产生困扰，因此产生情绪。情绪具有极大的不随意性和不可控制性，还具有很大的波动性，偶尔也会具有一定的周期性。情绪就像是大海的波浪，没有理性、规律，而且波动非常频繁，只不过有的人波动很高，有的人较低一点而已。

情绪虽然看似真实，却不是实体，也不是一个人本身就存在的部分。它不是与生俱来的，也不是外界强加于我们身上的，而是某些特定的缘由作用于我们身上的时候自然产生的。

情绪会影响人的生理状况，每一种情绪都能够使人的生理状况发生变化。在不同的情绪状态下，人的心跳频率、呼吸、血压，还有人的消化、内分泌系统等，都会发生相应的变化。比如，人在恐惧状态下，会瞳孔变大、身体发抖，而在愤怒状态下，则会呼吸粗重、面红耳赤。这些生理变化都是受人的神经支配的，是不由人的意识控制的。

情绪从某种程度上是人的身体和心理状况的反映，会影响人的脏腑，脏腑的健康状况又决定和影响着思想的形成，从而引发了人的行为和结果，使人产生不同的人生与命运。没有情绪的人无异于一个稻草人、木头架。

既然情绪不可避免，我们就要学会如何正确认识和处理自己的情绪。

第一，我们要学会体察自己的情绪。你要时时提醒自己注意现在的情绪是什么。学着体察自己的情绪，是认识情绪的第一步。第二，要适当地表达自己的情绪。最重要的是，我们应该学会运用合适的方式纾解情绪，因为每个人的问题都有且只有一把合适的钥匙能解。

情绪一般是一个周期性波动的过程，每个人都会有低落和高兴的阶段，压抑情绪反而会带来更不好的结果，尝试并选择合适自己的方法调节情绪能够让我们在生活中和工作中少出差错，少做不理智的事情。

当然，如果你想要解决自己的负面情绪，那你不能够用单一的目光去看待某一种情绪，而是应该学会辩证地对待它们。

比如说，当你悲伤的时候，你不能够沉溺在其中，而是应该想一想这种情绪产生的原因是什么。找到根本的原因，才能够使自己彻底从负面情绪中摆脱出来。

我们不但要了解自己的情绪，也要了解并且接纳别人的情绪。接纳对方的情绪，并不是要你全盘接受和赞同对方的情绪，而是要你允许对方产生情绪，并了解他的情绪，从他的立场去体会他的感受。

另外，人生既然有挫折、有烦恼，就会有消极的情绪产生。心理成熟的人，不是没有消极情绪的人，而是善于调节和控制自己情绪的人。我们也要慢慢学会调节和控制自己的情绪，但这并不是说要压抑自己的消极情绪，而是要像一个筛子一样，学会过滤掉消极情绪。

有人说，人的一生就是一部同消极情绪做斗争的战争史。其实，消极情绪并不可怕，只要我们能够了解产生情绪的原因，正确面对和处理自己的情绪，就能够在消极情绪产生坏的结果之前用正确的措施化解它。

你要学会认识种种情绪，包括正面的和负面的。了解情绪产生的原因，你就可以和情绪成为朋友，友好相处。

## 一个平和的情绪，比一百种智慧更有力量

我们可以发现，人们经常会用“慈眉善目”去形容一个比较成功的人。这说明，越是成功的人，越会将自己的情绪保持在平和的状态中。

那些一遇到不如意的事情就大发脾气的人，很难取得成功。因为，当他们的情绪经常产生波动时，他们的思维就会被左右，他们就容易做出让自己后悔的行为。心理学家研究证明：一个人能够保持情绪平和，比拥有智慧更加重要。

之前在微博上，一个“火锅店争执”的视频，引起了广大网友的关注。在视频中，有一位客人与服务员发生了争吵。

客人认为服务员的态度有问题，于是声称要发微博投诉并曝光他们店。服务员怒气冲冲地撂下一句话：“你不删微博是吧，走着瞧。”

随后，服务员从厨房里盛了一碗滚烫的开水，直接扣在了客人的头上。

事后，经过记者采访得知，这个悲剧的发生不过是因为客人要求服务员加汤，服务员答应之后却没有行动。于是客人再

次要求，服务员则认为锅里的汤还够，并不需要加。客人气不过发了微博，并且与服务员产生了争执，最后引发了悲剧。

当情绪处在激烈中时，肾上腺素分泌过多，你的大脑便会处于一个亢奋的状态中。这个时候，你会觉得世界处处和你作对，哪儿哪儿都不顺心。如果你带着情绪去做事，只会让事情变得更加糟糕，又何谈取得成功呢？

情绪越是不稳定的人，越难以感受到人生的幸福。杨澜曾经说过："幸福不是从天上掉下来的，而是从自己心里长出来的。"在很多人眼中，她是一位从容优雅、遇事不急不躁的女士。在这个浮躁的社会，她的淡定自若就显得尤为可贵。

不论是大喜还是大悲，对于你的健康都没有益处。如果遇到好的事情就非常高兴，那么很容易让你忘乎所以，做出不恰当的行为，从而导致乐极生悲。如果遇到坏的事情就悲伤绝望，那么很容易让你失去奋进的斗志，放弃人生的希望。所以，我们要保持平和的情绪，不论发生什么事情都能够不骄不躁，冷静面对。

很多时候，当你失去了冷静之后，就容易迷失自我，患得患失，尤其是在与他人交往的时候，容易处于不利的位置。

你的情绪如果太善变，像个炮仗一样一点就着，不但会伤害到自己，也会让与你相处的人充满了紧张感。因为，你忽来忽去的情绪太过让人猝不及防，他们不知道你什么时候就会爆发，并且无法预估你的情绪会给他们造成多大的伤害。

在《菜根谭》中，有这样一句话："每临大事有静气。"意思就是说，一个人在面临大事情的时候，一定要平静。古人常说："静而后能安，安而后能虑，虑而后能得。"只有平静了才能够只想坚定，镇静不躁，然后才能够思虑周详，有所收获。

曾国藩在年轻的时候，做事情有时候会心浮气躁。他的老师唐鉴先生发现他这个坏习惯之后，送给他一个字——“静”。

从这之后，曾国藩每天都会抽出时间静坐一会儿。在这段时间中，他有了很多为人处世、治学从政的体会，获益良多。

尤其是在遭遇了重大事情的时候，他更会静坐一会儿，经过几番静思、权衡之后才做出决定。甚至，为了保持平和安静的氛围，他还会在房间里点上一炷香。

他常说：“凡遇事须安详和缓以处之，若一慌忙，便恐有错。盖天下何事不从忙中错了。故从容安详，为处事第一法。整天慌里慌张的人，难成大事，就是因为缺了‘静’和‘安详’的智慧。”

很多人认为，情绪看不见摸不着，是一种很神秘的东西。因此，即使察觉到自己情绪多变，想要调节它也无能为力。其实，这只是因为你还不了解情绪。你要明白，情绪来自你对事物的认知。换句话说就是，你完全可以通过调节你的认知来保持情绪的平和。

比如说，当你察觉到自己的情绪出现急躁的时候，不要急着去做决定，不妨放慢脚步，去仔细观察你究竟遇到了什么样的问题，等到问题解决了之后，你的情绪自然而然就会平和下来。

## 情绪健康了，身心才会健康

很多人疑惑：情绪是人们对事物认知的一种反映，与身心健康有什么关系呢？

《儒林外史》讲述了“范进中举”的故事，范进中举了，高兴得疯了；《红楼梦》中“喜欢伤心”的林妹妹，身体孱弱，小小年纪便香消玉殒……这些无不证明，情绪对于人们的身心健康有着很大的影响。

从中医的角度来讲：“喜伤心，怒伤肝，恐伤肾，思伤脾，惊伤胆，悲忧伤肺。”由此可见，消极情绪确实能够引发各种疾病。比如说，经常焦虑的人总是容易掉头发，压力大的人一般肠胃都不好，好强的人容易得头痛病……

所以说，积极健康的情绪，是保持身体健康的根本。在很多时候，积极的情绪甚至可以帮助你战胜身体疾病。

美国著名作家欧·亨利在他的小说《最后一片叶子》里讲了一个关于希望的故事：

在一间病房里，有一个生命垂危的病人。他每天都遭受着病痛的折磨，因此对于人生很是绝望。他常常想：这么痛苦，为什么我还要活着？

在他的病房外面有一棵树，随着冬天的到来，叶子也变黄掉落。有一天，他看着寒风中一片片掉落下来的树叶，就像是看到自己消逝的生命力一样，心情更加郁闷，绝望。

他绝望地想："当树叶全部掉光时，我也就要死了。"因为没有了希望，他的身体也愈加地变坏、消瘦。

有一位老画家得知情况后，用彩笔画了一片叶脉青翠的树叶，然后将这片能够以假乱真的树叶挂在树枝上。当所有的叶子都掉光了之后，这最后的一片叶子始终没掉下来。

病人看到了这片叶子，心中爆发出一股希望，他想："也许这正是上天给我的提示，我的生命也会像这片叶子一样，不会凋零。"

保持着这种心态，病人积极地配合医生的治疗。最后，因为生命中的这片绿叶，病人竟奇迹般地活了下来。

研究发现，人体内有一种力量最能够促使身体维持健康，即健康的情绪。当然，健康的情绪并不是说让你突然大笑。突然大笑的情绪过于激动，很容易引发心脏病。健康的情绪简而言之就是："宽以为乐、动中取乐、静中得乐、爱好多乐、知足常乐、天伦之乐。"即不论遇到什么事情，都要保持积极乐观的情绪。只要做到了这一点，就有利于身体健康。

比如说，有一个人误以为自己吞了一根针，他很害怕。他总是担心这根针已经刺破了自己的喉咙，甚至感觉喉咙又痛又肿，并且肠胃也出现了问题，他认为自己可能命不久矣了。有一天，他忽然发现了这根遗失的针，才明白自己并没有将其吞下去。所有的担心、恐惧和疑虑都消失了，喉咙不痛了，肠胃也好了，身体又变得健康起来。

明明没有发生过的事情，因为恐惧、多疑，给身体造成“确实发生过这件事情”的信号，因此，你的身体便会产生相应的结果。

所以说你不需要疑神疑鬼。即使遇到了不好的事情，你也要学会调节自己的情绪，保持心情愉悦。这样不但会让“疾病”消失于萌芽之中，而且还能够起到未雨绸缪的作用。

举个例子，如果你将自己想象成一位律师，身心健康是你的客户，你要努力找到所有的证据，用最大的力量来为它辩护。这个时候，你就能够发现，自己的身心能够做出积极的反应，气场也会越来越强。

保持健康情绪的方法有很多，最重要的就是能够放松心情。比如说，你可以运动、听音乐、与朋友逛街、做美食……

林琳的朋友们经常将她比喻为“林妹妹”，因为她遇到事情总是喜欢多愁善感。

林琳一点儿都不喜欢这个称呼，她决定改变自己，从一本书上，她看到运动有利于改变情绪。于是，她改掉了睡懒觉的习惯，每天早早起来出去跑步。

一段时间之后，她的精神状态越来越好。并且她参加了一个跑步小组，和里面的“跑友”成了朋友。将空闲的时间用来跑步之后，她发现自己没有那么多时间去伤春悲秋了。

很多时候，当我们移动自己的身体的时候，情绪也会改变。科学研究发现，很多不良情绪产生的原因就在于想得太多。想得越多，越容易对事情产生怀疑，进而陷入消极情绪之中。

所以说，运动起来，不要让自己有想东想西的时间，让自己的心思远离问题，就能够改变自己对问题的感觉和看法，从而纾解自己的压力。

当然，除了运动这个方式之外，心理学家还发现：不同的身体姿势能够让人产生不同的情绪。比如说，当一个人“双手叉腰，双腿岔开，昂首挺胸站着”的时候，处于一种强者的姿态中，他的身体就会产生更多的“勇气荷尔蒙”，脑波就会从紧张的状态变成放松的状态。从而产生更多积极情绪，做事情的时候也更加喜欢乐观地去看待问题。

事实上，那些含胸驼背的人远远比昂首挺胸的人更容易产生消极情绪。因此，你不妨让身体保持着“强者的姿态”，给予自己积极的自我暗示，让自己从消极情绪的旋涡中解脱出来。

积极的思想，能够让你产生积极健康的情绪，让你对生活拥有更多的期待，让很多病症自然地消逝。积极的情绪和健康是相辅相成的，你要让自己的思想和情绪随时保持在乐观的状态中。

## 正确认识情绪与情感的关系

很多人总是喜欢将情绪和情感混为一谈。其实，二者并不是同一种东西。情绪，是人们对客观事物的主观认知，是一种心理和生理状态。情感，则是人们对客观事物是否满足自己的需求而产生的态度体验。

有心理学家认为：“虽然情绪和情感都是对客观事物的态度体验，但是情绪更倾向于个体基本需求欲望上的态度体验，而情感则更倾向于社会需求欲望上的态度体验。”

简单而言，就是情绪比情感产生得早，跟人们需要的如食物、睡眠等自然需求有关；情感通常是在人们的社会实践中产生，比如说在人际交往、生产劳动等过程中产生，比较常见的有爱情、亲情、友情等。

情绪可以是高兴、伤心、担忧、恐惧等容易表现出来的心理活动。比如说，你遇到了一件好事情，所以会开心地笑，遇见了一件坏事情，则会心中烦恼，脸上也多表现为忧愁甚至是面无表情。还有一些人压力大了，就会变得焦虑不安……这都是情绪的一些具体体现。

但是情感不同，它是经过情绪长时间地积累之后转变成强烈的内心活动。比如说，你见到一个人，就会心生欢喜。经过一段时间地相处之后，你发现对方确实如你所想的一样优秀，在“喜欢”情绪的催化下，这种朦胧的好感便会升华成两个人之间的爱情，这就是情感。还有就是，一个人在一个环境中时间久了，在离开的时候就会产生不舍的情感。

王文在一家公司负责网络运营的工作，主要职责就是负责公司公众号文章的编写发布和与粉丝互动。

有一次，王文写了一篇公众号文章，发布之后就被老板叫到了办公室，老板对他说：“你这篇文章写得都是什么？一点儿都不符合公司的主题，赶紧改了重发。”

王文听了之后，很不服气，他认为自己的文章写得非常好。但是，对于老板的话又不能不听。于是，王文强忍着厌烦的情绪，将文章改了一遍又一遍。

在以后的日子里，王文写的文章经常会受到老板的批评，然后他不断地改正，渐渐地，王文对老板和工作都产生了深深的厌恶之情。

有一次，他终于爆发了，和老板大吵了一架，然后离职了。

在案例中，王文对于“老板的批评和重新改文章”产生了厌烦的情绪，经过时间的积累升华成“厌恶”的情感。

因此，我们并不能将“情绪”和“情感”完全分隔开来。如果将情绪比喻为一棵树，那么情感就是它结出的果实。简单而言，就是只要人们拥有感官，那么情绪就会一直存在。而情感，则是经过一段时间的情绪积累后在特定的时间和情景中出现的。

同时，情绪和情感之间又有着密切的联系，二者相辅相成。

在婚姻中，很多人都希望能够拥有幸福、稳定的婚后生活。但这是建立在情感稳定的基础上的，而稳定的情感是由情绪决定，并且通过情绪来表达。如果在婚姻中，有一个人情绪不稳定，时常为了一点儿鸡毛蒜皮的小事儿就争吵不休。时间久了，另一个人也会爆发。这样的婚姻，肯定不会幸福。

胡适先生是一个风流倜傥、儒雅温和、学识渊博的学者，他的妻子却相貌一般，而且性格很是泼辣，经常会因为一点儿小事对胡先生“找碴儿”。

面对妻子的“河东狮吼”，胡适先生从来不会和其正面争执，他借口到厕所漱口，然后故意把牙刷大声地放到杯子里。妻子听到声响之后，就会意识到自己刚刚情绪有些激动。因为胡先生善于控制自己的情绪，所以两个人恩爱一生，白首到老。

情绪是情感的外部表现，而情感则是情绪的本质内容。二者息息相关，并且与人们的生活有着密切的联系。比如说，小婴儿看到母亲的时候会不由自主地露出笑容，就是因为对母亲的情感比较深刻，产生了喜悦这种情绪。

正确地认识情绪和情感的关系，能够给我们的生活带来很多的益处。比如说，当你决定学习某项技能的时候，可以先让自己对此产生喜爱的情绪，形成习惯之后，你就会真正地爱上学习。

## 没有人会看重一个情绪失控的人

我们常说："冲动是魔鬼。"冲动，也是情绪的一种。有的人经常会被情绪控制：因为一点儿小事而向周围的人发脾气；因为人生中的一点儿不如意而感到沮丧、失望，甚至失去了斗志；因为别人的一个举动而忍不住地怀疑对方对你有意见……

之前一个"放火烧床赶儿子上班"的视频上了微博热搜，一开始网友们看到标题的时候觉得很搞笑。但是真正看到视频里的内容时，很多人都沉默了。

起因就是，早上父亲发现七点了，儿子还在睡觉。而儿子和别人约好六点去工作。于是，父亲便催促儿子赶紧起床去上班，但是儿子无动于衷。

几次呵斥，儿子纹丝不动。父亲生气之下，便拿起一把铁锹，佯装要打儿子，然而儿子并不理会。

一气之下，情绪激动的父亲拿来一桶柴油倒在了儿子身上，并点燃了床单。如果不是邻居及时发现，并且和消防员一起将火扑灭，熊熊大火很可能进一步蔓延，烧毁整栋居民楼。

情绪失控，是一件很可怕的事情。对于情绪失控的人，人们会担心，不知道什么时候，他就可能做出危害别人的事情；在工作中，对于情绪失控的人，老板会担心他在情绪失控的时候给公司造成严重损失；没有人会喜欢和情绪失控的人谈恋爱，因为他在情绪失控的时候，可能会暴打对方一顿……情绪失控，容易给人一种不可靠的感觉。

学会控制自己的情绪，才能够掌控人生。研究发现，人的思维可以分为感性和理性两部分。无法掌控自己情绪的人，遇到事情往往会让感性情绪占上风，处事冲动，说出不恰当的话，做出不恰当的举动，让别人反感。甚至，还会给自己的人生造成重大损失。

梅西和巴洛特利都是有名的足球健将，巴洛特利虽然天赋异禀，但是脾气火爆，不但在训练的时候与队员内斗，而且在参加比赛时会和裁判、对方球员产生冲突。梅西则与之相反，在球场上的他，更像是一个谦谦君子。所以，尽管巴洛特利在足球上非常有才华，但是他最终也没有获得很高的成就。而梅西则走上了足球神坛，成为拿奖拿到手软的足球名将。

越是能够控制自己情绪的人，越能够获得大的成就。沃伦·巴菲特和比尔·盖茨是全世界著名的富豪。有一次，二人应华盛顿大学的邀请去演讲。有学生问他们："为什么你们比上帝还有钱?"

巴菲特说道："这个问题其实非常简单，在于你是否能够控制自己的脾气。不乱发脾气，很多事情就会变得简单。"

比尔·盖茨也说："我非常同意沃伦的观点，掌控情绪的能力决定人的健康，决定人能否成功和一生是否幸福。"

我们发现，很多成功人士都喜欢喜怒不形于色。这并不代表他们没有情绪，只是他们更加擅长控制自己的情绪而已。一个人的情绪过于外露，并不意味着他的性格坦率，而更多地代表着他的内心缺乏历练，所以才会无法控制自己的情绪。

在电影《教父》中，有一句非常经典的台词："永远不要让家族外的人知道你的想法。"大儿子桑尼冲动鲁莽，结果付出了生命的代价。小儿子麦克则善于隐藏自己的情绪，凭借自己的判断，不但保护了受伤的父亲，而且报复了凶手。

心理学家说："能够控制自己情绪的人，才能成为生活的强者。"越是愤怒的时候，你越要学会控制自己的情绪。因为当你的情绪失控时，你很容易失去理智，做出让自己后悔的举动和决定。并且，情绪失控也是你对问题无能为力的一个表现，很容易惹来别人的轻视。

那么，我们怎么做才能够更好地控制自己的情绪呢？

（1）学会暂停。

人们在情绪激动的时候，越是将注意力集中在这件事情上，越容易导致情绪波动得更加剧烈。这个时候，如果你能够及时按下暂停键，将注意力从让你愤怒、悲伤、烦恼的人或者事情上转移开，深呼吸几次，平息因为情绪激动产生的不适感，那么你就会发现原本已经失控的情绪慢慢地冷却了下来。

（2）说话声音不要太大。

有过吵架经历的人都知道，在吵架的时候，越吵情绪就会越激动，声音也会越来越大。这是因为，过大的声音不仅能够宣泄心中的愤怒，而且人们认为"声音越高越有理"。但是，过高的声音，往往会给人挑衅的感觉。即使你说的话并没有那个意思，也很容易引发争吵。我们可以发现，那些谦谦君子在说话时往往都是轻声细语的。所以，你想要控制自己的情绪，首先要将自己讲话的音量降下来。

（3）沉默以对。

每个人的思想都是独立的，在与别人交流的过程中，彼此的观点发生冲突是一件很正常的事情。如果在各执己见时带有情绪，那么争吵是必不可免的。争吵不但伤己伤身，而且还会伤害彼此的感情。

如果你不想和别人发生争执，那么这个时候不妨沉默以对，微笑地看着对方。你可以不同意对方的观点，但是并不需要立刻反对。这个时候，你可以在心中提醒自己，你们的情绪都是暂时的，不需要通过争执来不断激化矛盾。这样，你的情绪就能够慢慢平息下来。

不论是在生活中，还是在职场上，能够控制自己的情绪很重要。只有学会控制情绪，你才能够更好地发掘自己的潜力，发挥自己的才华，赢得他人的重视。

## 不能改变的天气，可以改变的心情

今天阳光普照，你的心情就很好；如果今天阴雨连绵，你的心情瞬间就会变得忧郁。有的人，心情总是随着天气的变化而变化。但是，天气并不会随着你的心意而改变，你却可以通过改变心情来保持愉悦。

比如说，今天的天气是阴冷的，你的心情也会像外面的天色一样沉重，抑郁积在心中，一点儿小事就能够让你愤怒。如果今天晴空万里，你就会觉得心旷神怡，心中想着要不要去哪里游玩，即使发生了坏事情，也能够一笑置之。

然而，不管你是喜欢晴天还是雨天，天气都不会随着你的意志而改变。如果你任由天气牵着鼻子走，很容易变成别人眼中“阴晴不定”的人。虽然我们不能够改变天气，但是可以改变自己的心情。

人生中同样如此，不管是好的事情还是坏的事情，它总是会发生，并不由你的喜恶决定。研究调查发现，在职场上，有百分之七十以上的人承认，在工作的时候，他们曾经有过愤怒、哭泣、焦虑、无助的情况。

他们会因为好的事情而欢呼雀跃，因为坏的事情而悲伤、愤怒。然而将自己的情绪寄托在不确定的事情上，实在不是明智之举。事实上，真正能够影响我们心情的因素，并不在于其他，而在于我们自己看待问题的态度。

比如说，你在工作的时候遭到了老板的批评。你生气、沮丧，在你看来，这完全是老板没事找事，甚至带着情绪做下面的工作，结果出错更多。但是，如果你能够暂时忘掉自己的愤怒，换一个角度看待问题，你会明白，所有的老板都希望自己的员工工作越来越好，没有人会无缘无故去找员工的麻烦。

他批评了你，肯定是因为你犯了错误。他愿意指出来，而不是直接开除你，正是因为重视你，你应该感到高兴。如果这样想，你就会从积极的角度去看待问题，并且会从愤怒、沮丧的心情中解脱出来，积极地去解决问题。

人生没有绝对的公平，你总是会遇到这样或者那样的不平之事，如果每一件事情你都斤斤计较，并且为此愤怒、抱怨，那么你将失去人生的乐趣。

沈可最近正在负责一个项目，公司非常重视这个项目，于是请了业内最好的咨询公司。

有一次，沈可和顾问团的一名专家在某个问题上发生了分歧，沈可认为自己是公司的员工，最了解公司内部的运营情况，应该按照他的想法去做。

但是，专家认为自己是专业的，按照自己的方法去做，对这个项目才是最好的。谁也说服不了谁，项目的进度一下子卡在了这里，双方不欢而散。

第二天，沈可刚上班，便被老板叫到办公室大骂一顿，老板指责他没有合作精神。沈可认为老板不明是非，本来这件事情就不是他的错，他觉得自己很委屈。

然而，他并不能改变老板或者是专家的想法，与其浪费时间去生气，不如先改变自己的心情，暂时忘掉委屈。这样想了之后，沈可的心情慢慢平静下来。根据公司的运营状况，他将自己的想法有条理地整理出来，然后细致地和顾问团进行了讨论。最后双方将彼此想法中的长处整合到一起，重新制订了一个更佳的方案，使得这个项目获得了巨大的成功。

当你遇到问题、烦恼的时候，不断地焦虑、抱怨，并不能够解决问题。普希金曾经写过这样一首诗："假如生活欺骗了你，不要悲伤，不要心急！忧郁的日子里须要镇静：相信吧，快乐的日子将会来临！心儿永远向往着未来；现在却常是忧郁。一切都是瞬息，一切都将会过去；而那过去了的，就会成为亲切的怀恋。"这首诗告诉我们，忘记悲伤，往前看才是最重要的。

即使我们遭遇了挫折、烦恼，也不要放任自己在消极情绪中沉沦。你不能控制自己的遭遇，但是可以改变自己的心态；你改变不了别人，却可以改变自己。在不能够改变的事实面前，学会改变自己的心情，让自己变得积极起来，你就会发现，那些困难并没有你想象中的那么坚不可摧。

## 不失控，才能掌控人生

现实中，无法控制自己情绪的人，会给自己和他人带来很多不可预料的伤害。有的人，因为和别人发生了一点儿口角，就冲动地拿刀砍伤别人；有的人，因为人生不如意，就上街殴打别人，发泄自己的不满；有的人，因为工作太难，就突然向同事发脾气；有的人，因为家人太唠叨，就怒砸电视机……

有情绪是一件很正常的事情。但是，如果你任由自己沉沦在其中，只会给自己和他人造成很多伤害。学会不失控，是人生必备的一课。

亚里士多德曾经说过："那些在不应当愤怒时而愤怒的人，被视为无能；愤怒的方式、愤怒发作的时刻及愤怒的对象不合适，也被视为无能的表现。"

有一次，马云被邀请去南非著名学府金山大学发表演讲。演讲的主题是"企业管理心得"，当时，参加演讲会的是两千多名年轻人。

有人问马云："作为阿里巴巴的管理者，您最大的心得是什么？”

马云笑了笑说道：“我的管理心得有四点，最重要的一个就是情绪管控能力。”

有人问：“能不能请您具体说说？”

马云接着说道：“如果你想成为一个高级的管理者，那你首先要学会不抱怨，消化自己的情绪，然后给别人抱怨的机会。不要哭，哭是解决不了问题的。这就是高级管理者的厉害之处——不情绪化。”

无论发生什么事情都不让自己的情绪失控，是一件很重要的事情。心理学上有一个词叫作情绪智力。简单而言，就是人把控自己和他人的情绪、情感的能力。情绪智力低的人，掌控自己情绪的能力弱，遇到事情时，情绪波动大，很容易失控。情绪智力高的人，掌控自己情绪的能力强，不管遇到什么样的事情，都能够掌握恰当的分寸，该忍就忍，该放就放，该爆发就爆发。

我们可以发现，那些能够取得比较大的成就的人，往往都有很强的自我情绪掌控能力。不论是在生活中还是在职场上，他们都能够恰当地表达，妥善地把控。

你必须要明白一个道理：遇到问题时，情绪化是解决不了问题的。作为一个成熟的成年人，应该学会控制自己的情绪，即使遇到了不公平的事情或者你被冤枉了，也不能任由自己“撒泼”，而是应该保持冷静，理智地处理问题。

当然，我们说学会控制情绪，并不意味着遇到问题就憋在心里，问题积压太多，最后一个小小问题就有可能让你爆发。当你的情绪即将失控的时候，停下来，然后找到最适合自己的宣泄方式。要注意的是，不能够将你的坏情绪发泄到别人身上，迁怒别人是一件不道德的事情。

美国前总统林肯和前国防部长斯坦顿曾经有过一段有趣的对话。

一天，国防部长斯坦顿走进了林肯的办公室，怒气冲冲地对林肯诉说，一位少将用侮辱的话指责他偏袒一些人。

林肯听了，建议他写封信进行反驳，并说："你也可以狠狠地指责他一番嘛。"

斯坦顿立即写了一封措辞很强硬的信拿给总统看，林肯看罢，大声喊道："对了，对了。写得好！严厉地批评他一顿，这是个最好的办法，斯坦顿。"

但是当斯坦顿把信叠好，准备放进信封时，林肯立即阻止了他，问道："你打算怎样处置它？"

"寄出去呀。"斯坦顿自然地说道。

"不要胡闹，"林肯大声说，"你不应该把信寄出去，快把它扔进火炉中去吧。每次当我发火时，我就尽情地写封信发泄发泄，写完后就把它扔了。我每次都是这样做的，效果非常显著。当你花了许多时间把它写好后，怒气便已消了一大半了，你已经变得心平气和了。那么现在请再写第二封信吧。"

国防部长恍然大悟，十分感激总统的指点，他从林肯这里学会了通过宣泄控制情绪的好办法。

你可以选择"林肯写信"的方式，将自己的不满用文字记录下来，然后将其毁掉，让自己的坏情绪也随之消散。当然，除了这种方式，还有很多种管理情绪的方式，下面我们来看一下：

（1）进行假设，分析后果。

很多人情绪不好的时候，都喜欢用吼叫、迁怒别人、砸东西等方式来发泄，或者是抑郁消沉。这样，无疑会造成很多坏影响。当你想要疯狂宣泄不满的时候，不妨来假设一下，你这样做会造成什么样的坏结果：可能会让朋友和自己决裂，可能会造成很大的经济损失，可能会让自己失去工作……意识到严重的后果之后，你就不会再肆无忌惮地让情绪失控。

（2）转变认知。

人们在情绪失控的时候，会在潜意识中让看到的事情的角度偏向坏的方向。这种思维方式，非常不利于人们去控制自己的情绪。转变自己的认知，遇到问题往积极的角度去思考，时间久了形成习惯之后，你控制情绪的能力也会越来越强。

（3）找到适合自己的宣泄方式。

宣泄情绪的方式有很多，最重要的就是要适合自己。比如说：

如果你喜欢篮球，在情绪不好的时候可以进行一场酣畅淋漓的比赛；如果你喜欢跑步，在情绪不好的时候可以出去跑个几千米，挥洒汗水；如果你喜欢购物，在情绪不好的时候可以约朋友出去逛街，当然，要理智消费；如果你喜欢旅行，在情绪不好的时候可以来一场说走就走的旅行，欣赏不一样的风景，说不定还会有惊喜等着你。

……

学会控制自己的情绪，不论遇到什么事情都不让自己失控，才能将人生掌握在自己的手中。

Chapter 2

# 情绪管理从接纳自己开始

# 为什么一点儿小事就能让你失控

“你真是太过分了，这件事情怎么能够这样做?”一个人十分生气地说道。

“我怎么了?”另一个人一脸茫然地问道。

经常有一些人因为一点儿小事就失控，而别人还处在茫然的状态中，不知道出了什么问题。

为什么会这样?就是因为你是一个十分情绪化的人。很多情绪化的人，或者应该说是情绪敏感的人，受到一点儿刺激就会产生激烈的情绪波动。

“马加爵杀人案”一经曝光，震惊全国。

在审讯时，马加爵说出了连杀四人的真正原因：“我觉得我活得太失败了。没有一个人看得起我，他们几个还老在背后说我的坏话，把我的生活习惯、生活方式甚至一些隐私都当成笑话说给别人听，让我感觉自己完全暴露在别人的眼前。我时常感觉无地自容，觉得所有人都在嘲笑我。这些都让我无法忍受，我生气，我心中充满了仇恨!”

问到原因，他说：“可能是因为我家比较穷，以前我很想和他们融合在一起，我试着讲一些笑话，但是每次他们都嘲笑我。”至于案发当日的动机，马加爵说：“那天打牌本来我没有作弊，他们偏说我作弊，还怀疑我的为人，我一气之下，便动了杀他们的念头。”

冲动是魔鬼，有时候情绪太过激动，失去理智可能会做出让自己后悔的事情。没有人会喜欢和动不动就失控的人交往，毕竟和这些人交往无异于将自己的生命置于危险的境地。情绪容易产生大波动，不但对身体不好，而且会影响你的交际关系，降低你的幸福感。

很多人苦恼地说：“其实我也不想生气，想对一些事情一笑置之，但是真到了那时候就控制不住自己啊。”这其实只是因为你还没有摸清楚它的真面目，当你掌握了“驯服”它的方法时，它也可以变成一只可爱的“小绵羊”，让困扰你的烦恼逝去。

敏感的人很容易被一些事情刺激。这些刺激会让你觉得被攻击了、被侵犯了等，你需要做一些事情去维护自己的利益或者是发泄自己的不满，所以启动失控模式来进行自我保护。

比如说，你和老公结婚以来，全部的家务都是自己做，孩子自己管，老人自己孝顺。他除了上班之外，什么都不管，回到家之后就像大爷一样躺在沙发上看电视，玩手机。你心想：“对于家庭双方都有责任，凭什么他逍遥自在，我就要这么累？”有了这种想法之后，一点儿鸡毛蒜皮的小事也能够触动你的情绪，让你爆发。

又或者是，一个人本来最近就心情低落，别人还没有眼色地来招惹他，就容易让他失控。人的情绪容器是有一定限度的，当处在压力大或者是情绪低落的状况时，再遇到一点儿小事就会爆发。相反，当你情绪状态好的时候，能够和别人有说有笑，别人和你开玩笑你也不会生气，面对同一件事，你只会一笑置之。

当然，还有可能你曾经因为这件事情受过伤，所以在别人再次提起的时候，你因为难受而失控。

当你明白了导致自己失控的原因之后，在和他人交往的时候，察觉到自己的情绪不对要及时调整自己的状态，控制好自己的情绪。当你明白别人正在失控的时候，注意不要去招惹他。

赵勇最近要赶一个企划案，压力非常大。周末，别人都休息了，他还要在家里加班。

他正在书房中苦思冥想怎样策划才能够让客户满意。忽然，妻子风风火火地走进来，说道："外面下雨了，快帮我收一下阳台的被子，我去院子里收衣服。"

赵勇强忍着不耐烦，去阳台收了被子。

一会儿，儿子又跑进来说："爸爸，陪我玩。"看着一点儿没动的企划案，赵勇顿时火了，大声叫妻子进来，说道："你们能不能让我清静一会儿，不知道我还要工作吗?"

妻子被吼蒙圈了，眼泪唰地掉了下来，抱着大声哭的儿子说道："我知道了，我这就抱他出去。"

看着妻子哭得伤心的样子，赵勇发热的大脑一下子清醒过来，意识到自己刚刚做了多么过分的事情，他轻声和妻子、儿子道歉，并且解释了自己刚刚是因为工作压力太大，所以才一时之间没有控制住情绪。

解释清楚之后，妻子和儿子表示理解，让他安心工作，不会再来打扰他，一场家庭战争就这样被悄悄化解了。

情绪化只能让你遭受毫无意义的自我惩罚，那些令你心烦的人不会因为你的情绪化而损失毫发。我们应该控制好自己的情绪，得意时不忘形，失意时不过分愤怒。其实，如果我们能掌控好自己的情绪，别人的过错还会左右得了我们吗？

一个成熟的人能够掌控好自己的情绪，使自己的情绪保持稳定，做到不情绪化，对自己和他人负责任。和这种人相处，你会觉得是一种享受，而不是压力。我们都应该做自己的主人，不被环境和物欲左右。不要愚蠢地一个人生闷气，那样你只会活得更加痛苦。更不要随时随地失控，能够真正掌控自己情绪的人，才能够享受人生。

## 情绪没有好坏、优劣之分

情绪，是人们受到内部或者外部事件刺激时所产生的突发反应，是多种感觉、思想和行为综合在一起产生的一些心理和生理状态。常见的情绪有喜、怒、哀、乐、惊、恐、爱、失望、焦虑、嫉妒、欣慰、自豪等。人们往往根据主观思想给情绪划定了好坏、优劣之分。

不可否认的是，我们认为的那些“好”情绪，诸如高兴、快乐、自豪等，确实能够给我们的人生带来好的结果，让我们觉得生活更加幸福。

美国心理学家研究发现：“积极情绪除了让你更幸福，还能让你的生命变得更丰富也更宽广。”为此，他做了一个实验，要求受访者写出自己想做的事情。结果发现，人们在快乐的时候，明显比悲伤的时候想做的事情要多很多。

所以，人们习惯珍惜“好”情绪，厌恶并排斥“坏”情绪。事实上，人们对于情绪的认识陷入了一个误区。

心理学家说：“情绪没有好坏之分，情绪都是好的。”

它本身只是一种能量，一种人们对事件的反应，进而引发人们的行为。它是由人们的主观思想决定的，单独的情绪，我们并不能简单地将其定义为好或者坏。

比如说，面对同一件坏事情，你今天得到了老板的表扬，于是一笑置之；但如果你今天受到了老板的批评，你心情不好，在处理这件坏事情的时候，便会愤怒，斤斤计较，和人争吵。

所以，情绪的产生来源于人们的实际意识，自身并没有优劣之分。在很多人眼中，紧张、焦虑、恐惧等都是负面情绪，能够对人们产生不好的影响。但是，在很多时候，它们也有自己的优点。

举个例子，明天你就要去面试了，晚上紧张得睡不着。如果一直睡不着，你的精神状态就不会好。第二天顶着两个大大的黑眼圈去面试，留给面试官的第一印象就不会好。甚至因为没有休息好，大脑浑浑噩噩，对面试官提出的问题也回答得乱七八糟。从这个角度来看，紧张的确是一种坏情绪。

但是，换个角度来看，当你感到紧张得睡不着的时候，便起来查询面试攻略“如何才能够给面试官留下好印象”或者是充分了解面试公司的发展历程，做到心中有数，你便不会再为明天的面试紧张担心。因为准备充分，能力足够，对方甚至会很欣赏你，立马录取你。

前几天去看了《头脑特工队》这部精良的动画片电影，影片把主人公的小情绪——高兴、生气、伤心等刻画成了五个鲜明的小人物。这正符合了人们的认知心理，开心就是好角色，生气就是坏角色。但是，事情并不是如此绝对的。

消极的情绪，是生活中不可避免的，它和积极的情绪同样重要。恐慌也许会让你做事情的时候停滞不前，但是也能让你在遇到危险的时候马上逃离，从而避免危险；愤怒可能会让你失去理智，做出后悔的行为，但是也可能让你在遇到不公的时候奋力反击；焦虑，可能让你遇到事情坐立不安，但是也可能让你未雨绸缪……“生于忧患”，这些人们眼中的坏情绪，反而可以增加我们的生存概率。现在，你还能够清晰地辨别情绪的好坏吗?

当人们产生坏情绪时，第一个反应就是去压抑、批判它。越是如此，越会遭到它的反弹，进而，你会更加讨厌负面情绪，如此便会形成一个恶性循环。

而且压制和批判坏情绪，会降低我们的幸福感，引发更多的负面行为，比如记忆力减退、失眠、暴饮暴食……所以，在面对好情绪时，我们应该积极接受；在面对坏情绪时，我们也不能压抑、逃避。

不论是好情绪还是坏情绪，只有你正确认识它们之后，才会发现它们都只是我们大脑做出的行为反应。学会控制自己的思维，理智看待问题才是最重要的。

## 人人都有情绪周期

有时候，我们会毫无来由地心情不好，干什么都提不起精神来，其实就像一年有春夏秋冬的四季变化一样，人的情绪也是有周期性变化的。

所谓“情绪周期”，是指一个人的情绪高潮和低潮的交替过程所经历的时间。也就是人体内部周期性张弛的规律，也叫“情绪生物节律”。人如果处于情绪周期的高潮，就表现出强烈的生命活力，对人和蔼可亲，感情丰富，做事认真，容易接受别人的规劝，具有心旷神怡之感；若处于情绪周期的低潮，则容易急躁和发脾气，易产生反抗情绪，喜怒无常，常感到孤独与寂寞。

李清华在一家公司做销售，平时压力非常大。后来他看了《做一个伟大的推销员》这本书，了解到自己的情绪周期大概是每个月二十日到月底，那几天整个人一点儿精神都没有，客户也不想见，什么事情都不想做，只想早点儿回家睡觉。

本来看了书之后应该做出调节的，他却形成了一种非常不好的恶性循环。他会在二十日前就开始担心着情绪周期的到来，所以心里会非常害怕，而且现在情绪周期来的那一两周，他整个人非常压抑，整天胡思乱想，没一点儿心思工作，脑子很沉，呼吸也不是很正常。他在休息的时候还想着工作，导致了失眠多梦。后来他觉得快受不了了，甚至产生了逃离这个世界的想法。

情绪周期就像是人的情感晴雨表，我们可以据此做好自己的活动计划。比如，情绪高涨的时候安排一些难度大、烦琐、棘手的任务，因为人在良好的情绪状态下迎接挑战可以更勇敢，不畏艰难；而在情绪低落时就不要勉强自己，先做些简单的工作，也可以放下手头上的事情，休息一下，多参加群体活动，放松思想，有了烦恼的事情多向信任的亲人和朋友倾诉，把不良情绪化解掉，寻求心理上的支持，顺利渡过情绪低潮期。如果情绪低迷时还坚持做复杂而艰难的工作，会降低效率，还会因为失败而产生自卑心理。

有科学研究表明，大部分人的情绪周期是与生俱来的。从出生的那一天开始，一般二十八天为一个周期，周而复始。每个周期的前一半时间为“高潮期”，后一半时间为“低潮期”。在高潮与低潮之间，即由高潮向低潮或由低潮向高潮过渡的那几天，称为“临界期”，“临界期”一般持续两至三天。临界期的特点是情绪不稳定，机体各方面的协调性差，易发生事故。

掌握了自己的情绪周期，就应该将其应用到我们的日常生活中去。遇上低潮期和临界期，我们要提高警惕，运用自己的意志力控制好情绪，也可以把自己的情绪周期告诉自己的亲人和朋友。一方面，让他们提醒你，帮助你克服不良情绪；另一方面，避免不良情绪给你们之间带来不必要的误会。

简单地说，所谓的情绪是指个体受到某种刺激后所产生的一种身心激动的状态。从心理学上说，情绪是身体对行为成功的可能性乃至必然性在生理反应上的评价和体验，包括喜、怒、忧、思、悲、恐、惊七种。行为在身体动作上表现得越强，就说明这个人情绪性越强，如喜会是手舞足蹈、怒会是咬牙切齿、忧会是茶饭不思、悲会是痛心疾首等，这些都是情绪在身体动作上的反应。但是一般的小情绪不会引起身体动作上的反应。

对于情绪状态的发生，每个人都能够明显地感受到，但是控制其所引起的生理变化与行为却不是每个人都能做到的。处于某种情绪状态时，个人是可以感觉得到的，而且这种情绪状态是主观的。因为喜、怒、哀、乐等不同的情绪体验，当事人能真正地感受到，别人固然可以通过察言观色去揣摩当事人的情绪，但我们看到的只是表面现象。

虽然每个人通过认知都可以了解自己的情绪周期，但是在情绪状态下所产生的生理变化与行为反应，却是当事人较难控制的。情绪每个人都会有，心理学上把情绪分为四大类：喜、怒、哀、惧。四大类下面又分出了很多的小类。只有了解了自己的情绪周期，然后做好计划，确定自己在什么时间做什么工作，什么时间忙哪件事，才能更好地掌控自己的情绪，更好地生活和工作。

# 学会接纳自己的坏情绪

人们在不顺心的时候，往往会出现愤怒、伤心、绝望、沮丧、抑郁等坏情绪。如果忽略、排斥它们，只会越来越糟。试着接纳自己的坏情绪，并且发现它积极的一面，就不会被坏情绪控制，从情绪的旋涡中挣脱而出。

韩女士在北京工作的时候，收到了儿子牺牲的电报。这原本是她在世上唯一的亲人了。

自从收到这个消息，韩女士每天沉浸在悲痛之中，完全没有心思去做任何事情。不久之后，韩女士决定辞掉自己的工作，离开北京这个伤心地。

出发之前，韩女士整理东西的时候，忽然一封早年的信掉了出来，那是她儿子在她丈夫去世时写的。在信中，她的儿子这样写道："不论在哪里，都要勇敢地面对人生。我知道你不会让我失望的，因为你是这个世界上最伟大的母亲。我知道你会撑过去的。不要忘记你曾教导我的话。"

韩女士一边流泪痛哭，一边珍惜地读着这封信，这样就好像儿子和丈夫就在身边，他们对她说："你不会让我们失望的！”

几度挣扎之后，韩女士决定留下来。她将悲伤的记忆永远封存在心底，之前低落的情绪全部转为活下去的动力，她不止一次对自己说：“我不应该活在悲伤的情绪中，我要继续生活，因为事情已经是这样了，我既然改变不了，就只能选择坚强生活下去。”

当人们出现坏情绪时，有的人选择抱怨，有的人选择逃避，有的人选择默默忍受，有的人选择怒而发泄……如果一味地沉浸在失落、悲伤或者愤怒的情绪中，选择逃避，这些负面的情绪只会在你的心中越积压越多。

现实中，每个人都会遇到自己无法解决的困难，都会有心情郁闷的时候，如果我们任由这种情绪发展下去，将自己囚禁其中，我们只会越来越郁闷，这对事情的解决没有任何好处，还会徒增新的烦恼。

但是，当你选择接纳自己的坏情绪时，它就会像流水一般流过我们的身体，以不同的方式发泄出去，并不会对我们的身体造成什么危害。同时，接纳自己的坏情绪还会强化我们对负面情绪的认知。所以，坏情绪在作祟时，请积极地采取有效的措施和方法去改变你的现状。

研究发现，人的生命最主要的特征就是能够进行自我调节。当你有了负面情绪的时候，积极接纳它，你的身体就会想办法去积极调节它。相反，你如果一直逃避，不接受，你的身体接收不到你想要改变的信号，自然就会消极怠工。

有一个年轻军官接到一条调令，上级将他调去了西藏。刚结婚不久的妻子舍不得他，于是决定跟他一起去。

到了西藏之后，妻子才发现想像与现实的落差。他们只能住在临时搭建的木屋里，而且这里低温缺氧，早晚温差很大，日常生活都成问题。

没到半年，妻子就受不了了，于是她给朋友写信，诉说所遇到的艰难困苦，并且在信中还说她准备回去过“高质量”的生活。

朋友在给她的回信中写道：“有两个囚犯，他们住同一间牢房，往同一个窗外看，一个看到的是沙漠，另一个则看到了仙人掌。”接到朋友的信件后，妻子有所觉悟，便对自己说：“好吧！我出去找找这儿有没有仙人掌。”

此后她积极地走进西藏人民的生活里，迷上了西藏文化。她还认真地研读了许多关于高原植物方面的书籍，并运用自己所学的知识帮助当地人用大棚种植各种蔬菜，几年后，她还出版了几本关于西藏文化的研究书籍，成了西藏文化方面的专家。

我们无法改变环境，但是我们可以改变自己的心境，学会接纳自己的坏情绪，这样哪怕是在沙漠里我们也可以做一棵坚强的仙人掌。

当然，当我们遭遇坏情绪时，并不是无能为力的。学会管理自己的情绪很重要，当你愤怒、想要发脾气的时候，不妨先深呼吸六十秒，让被情绪控制的身体重新回到大脑的控制中，冷静下来。关键的是，在这一分钟内，通过深呼吸可以将你骂人或者打人的冲动先平息下来，然后再想办法解决问题。

适度地发泄。这并不是说你被负面情绪包围时，可以迁怒别人，发泄在别人身上。这样，很容易伤害到别人。你可以通过跳舞、跑步、逛街或者是倾诉等积极正面的方式去发泄自己的不满。尤其是运动既能够锻炼自己的身体，还能够让不满随着出汗而消失。

人生际遇谁也说不准，当我们身处逆境时，谁知道会不会是天将降大任于斯人也？会不会是命运给我们的一次考验，上天在和我们做游戏，或者为我们提供的一次转机呢？“塞翁失马，焉知非福”，如果在不幸面前，我们总在消极地哀叹、抱怨，必定会与上天提供的良机擦肩而过。所以，不要被坏情绪束缚，再坏的情绪都是我们的奴隶，我们可以控制它。

人生并不是一帆风顺的，能够让你产生坏情绪的事情太多了。如果每次你都被坏情绪牵着鼻子走，那人生将会变得灰暗。只有学会接纳自己的坏情绪，试着改变自己的心态，驾驭自己的心情，才能赶走不悦，留住快乐。

## 坦然接受被讨厌

“你真是太讨厌了。”

听到这句话，很多人会慌张、焦虑，立马开始检讨自己什么地方做错了，让对方不高兴了。于是慌张地询问对方，如果没有得到答案，就会一直处于自我反省的状态中，并且，不断地自我怀疑。

在《被讨厌的勇气》一书中，作者讲了这样一个小故事：

有一位哲人主张：“世界极其简单，人们随时可以获得幸福。”

但是，有一位青年听了很不服气，无法接受这种观点，于是他决定去拜访这位哲人，与其辩论，务必让哲人明白他的观点是错误的。

来到哲人家，青年说道：“世界本来就是处处都有矛盾，根本没有幸福可言。想要自由，就会被别人讨厌。”

哲人道：“刚才你说‘不想被任何人讨厌’，但是，想要故意让人讨厌的其实根本没有。”

青年回答道：“是的。”

哲人继续说道：“这个观点，我非常同意。我也不希望被别人讨厌，这个观点可以说是一种非常敏锐的洞察。”

青年道：“这是普遍大众的欲求。”

哲人道：“虽然如此，但事实上不管我怎么努力，都会有讨厌我的人。当然，你也是如此。没有人，能获得所有人的喜欢。”

“不想被人讨厌”是很多人追求的理想人际关系，很少有人在面对他人的讨厌时能够无动于衷。但是，没有人能获得所有人的喜欢。你觉得这个地方是自己的优点，反而可能恰恰是别人讨厌你的理由。

很多时候，有的人追求自由，却又畏惧惹别人讨厌，一直活在别人的眼光和评价之中。一旦被别人讨厌，就会觉得很痛苦，非常自责并且冥思苦想：他为什么会讨厌我？是我的言行出了错吗？我要怎么改进待人接物的方式才能够获得别人的喜欢？

长期处在这种焦虑之中，在与人交往的时候，你就会变得小心翼翼，甚至会产生恐惧的负面情绪。所以，所有人都想不招人讨厌地活着，但如果我们想要尽力满足自己的欲求，那么一定会和别人产生利益冲突。当你羡慕别人能够活得八面玲珑时，殊不知这种状态极其让人心累和不自由。

正如《被讨厌的勇气》的作者阿德勒说的：“每个人都有自己独立的课题，我怎么表达想法是我的课题，跟你没有关系；而你接不接受我的想法是你的课题，跟我没有关系。每个人都不必活在别人的期待里，所谓的自由，就是被别人讨厌。有人讨厌你，正是你行使自由，依照自己的人生方针过日子的标记。”

坦然接受自己被讨厌，是对自己的精神的一种解放，更是催促自己上进的动力。当你被别人讨厌时，不想接受进而去欲盖弥彰，那么问题永远存在。

正所谓：“以人为镜，可以明得失。”正视别人的“讨厌”，让其变成改正自己，使自己更优秀的“镜子”，才是对自己有益的做法。

在《奇葩大会》上，有一个选手是写公众号爆款文的作者，她在介绍自己的时候说：“小时候，我喜欢读书。但同时，我又不被老师喜欢。那会儿，老师更喜欢成绩好的学生，而我的成绩很差。”

被老师讨厌了，她没有一直害怕，惶恐不安。反而心中很不服气，心想：“一个人的好坏，怎么能够单单凭成绩来决定?”

从这以后，她为了证明自己不是个“废物”开始努力学习各种知识。然而，尝试了很多次，都失败了。

正当她心灰意冷、准备放弃的时候，公众号开始流行了。之前积累的知识成了她的根基，她在一开始就写了篇爆款文，之后越写越顺，最终有了今天的成功。

在演讲的时候，小姑娘说道：“今天站在这里，就想证明一下我不是废物，让曾经讨厌我、看不起我的人知道，即使成绩不好，我依然能够成功。”

有时候，“被讨厌”好像也不是一件坏事。从积极的角度来看，那种不被喜欢的感觉变成了前进的动力，能够让人变得更好。

有人曾说过：“别人讨厌你，只是因为你与众不同而已。”不必去过分在意和生气，每个人都有被别人否定的时刻。当别人讨厌你时，如果你习惯了自我怀疑，那无疑会将人生推入深渊。坦然接受别人的讨厌，可以让你的人生变得更加豁达，让你慢慢变得更加强大。这样，人生就会充满了正能量。

## 学会接受生活中的不完美

在很多人的心中，追求完美的生活是他们毕生努力的目标。他们设想：自己要功成名就、人生幸福、身体健康、朋友环绕、有充足的时间玩乐、灵魂自由……

但是，有时候人生并不以你的意志为转移。总是会有这样或者那样的意外扰乱你人生的步伐，让你陷入焦虑和恐慌之中。学会接受生活中的不完美，才能真正体会到人生的意义。

从前，有一个圆圈，每天走在路上，快乐而又形迹匆匆。有一天，圆圈忽然缺了一块儿。它很焦虑，为了保持完整，每天四处寻找丢失的那一块儿。

由于失去了一部分，圆圈走路不能够像以前那样快，只能慢慢地来。这让它感觉很不高兴，它认为自己失去了以前的英姿飒爽。于是，它非常着急地寻找了很多不同的配件，但是没有一个能够完美地与它相配。它只能将其弃置路旁，继续寻觅。

在这个过程中，圆圈发现了一个自己之前从来没有注意到的世界。由于只能慢慢地走路，它发现路边开的小野花是那么可爱，每次欣赏了之后它才会再次上路。当黑夜降临了，它便与蛐蛐“谈天说地”。当太阳升起，它又有闲情逸致去欣赏太阳的温暖和热烈。

终于，有一天，圆圈找到了一个非常完美的另一块儿，将它安上之后，圆圈很高兴，心想：“现在我终于是完美无缺的了。”

圆圈高高兴兴地上路，发现它现在滚动得非常快，再也没有闲暇时间去欣赏花儿的美，也没有时间去和蛐蛐倾诉心声。每天来去匆匆，没有了以前的闲情逸致。于是，圆圈停了下来，将那个配件放在了路边，再次开始慢慢滚动。

著名作家大仲马曾经说过：“人生是一串由无数的烦恼组成的念珠，达观的人总是笑着数完这串念珠的。”

人生不可能是十全十美的，总是存在这样或者那样的缺憾。当不好的事情发生时，你不想承认，并且选择了逃避。那么，你只会不断惶恐、抱怨，然后被负面情绪淹没。

生活中的烦恼，也许会让你烦心，但是正因为如此，才能够证明你存在的意义。“不完美”，就是人生的本来面目，你因此产生负面情绪，就像是去不断地否定自己。

面对人生的不完美，你应该学会接受。当然，这并不意味着你毫无作为，听之任之。如果这样做，无疑是放弃了自己的人生。应该抱有一颗平常心，积极地去面对，尽力去解决。而不是每天抱怨、懊恼，这样只会让你的人生越来越糟糕。

我们常说，人生的经历并没有好坏之分。如果以积极的态度去看待每一次的挫折，你就能够发现自己的一个不足或者是缺点，并且能够及时改正。然后，你的人生就能变得更加强大。

当然，我们不仅要接受不完美的人生，更要接受不完美的自己。有一些人不论做什么事情，都要求自己必须做到完美。他们通常抱有这样的心态：“我必须做到完美”“我必须得到所有人的认可”“务必让别人挑不出一点儿毛病”……有了这样的信念之后，紧随而来的便是过于在意这件事情的结果：“我一定要成功，万一失败我将彻底沦为别人的笑柄。”

在这种心理状态下，做事情的时候就会变得焦虑、敏感，尤其是需要他决断的时候，常常会表现得唯唯诺诺。

事实上，认为自己必须完美的人，心理上大部分都有一种病态的“耻辱感”。他们自卑、多疑、多虑、喜欢竞争，并且极度地敏感狭隘，在他们眼里几乎所有人都是他们的竞争对手，因此，他们不管做什么都力求完美，他们妄图通过完美来证明自己的优秀，证明自己的强大。

他们不能够接受自己犯错，一旦某件事情出现了错误，便会焦虑不安，而且会不断地批判自己。因此，他们做事情的时候，便会陷入“开始前信心满满——迟迟不能开始——任务逾期完成——暗下决心下次不再拖延”的怪圈之中。其实，承认自己的错误并不丢脸。

我们在看电视剧的时候，发现很多电视剧的女主角并不是完美的。她们可能有点儿笨、有点儿傻、有点儿疯狂……但是，这并不妨碍我们被她们的可爱、善良和智慧等吸引。

就像《我可能不会爱你》的女主角程又青，她是一个优秀、骄傲的职场白领，同时她也很孤单，因为各种原因和男朋友分手，伤心、伤身，又伤情。但是，她同样有着自己的骄傲。

在电视剧中，她说："承认自己受伤了，并不丢脸。多看看你生活当中美的部分吧，否则，我们永远会有羡慕不完的别人的人生。带着你的根本，不管哪里都可以再次花开。我要用自己的钱，买我自己的包包，装我自己的故事。"

正因为如此，才会让观众更加入戏。

你实在不必因为自己的不完美而自卑、焦虑，世界上并没有完美的人。正是因为不完美，才会让我们感知到人生的意义和乐趣。当你因为白天的错误和遗憾而焦虑的时候，在晚上临睡前，躺在床上，不妨给自己五分钟的时间，和自己进行一场对话："为什么，我今天会不开心呢？问题出在哪里呢？"

然后内心进行自我检查和剖析，找出问题的真正原因，然后进行积极地自我暗示："我的能力并不差，下一次我一定会小心，不再出现这个问题。"

时间长了之后，你就会发现，人生中的那些不完美，并没有什么难以接受的。而且越是遇到困难的事情，你收获得就会越多。

## 永远不要选择情绪对抗

所谓的“情绪对抗”，就是说当你在做自己不喜欢的事情时表现出来一种抵触的心情或者情绪。

我们经常可以发现，人们在做自己喜欢的事情时，会开开心心地接受；做自己不喜欢的事情时，则很容易放弃。如果在别人的强迫下去做，则很容易产生负面情绪。所以说，情绪对抗是人们下意识的本能。

林雪被手中的策划案搞得焦头烂额，明明她已经按照客户的要求改了，但发过去后客户依然能够挑出毛病。加班到心力交瘁，还是无法让客户满意。

客户太难搞了，如果这次客户再退改，她的“五一”假期就要泡汤了。她越想越烦，在和客户沟通的时候，难免带出了一些情绪，结果客户向老板告了她一状。

很多时候，人们的情绪很容易受到各种因素的影响。当我们选择了情绪对抗，并且做出相应的行为之后，很容易让事情朝着糟糕的方向发展。

蔡康永曾经写过一段话：“学校烂，上课闷，你就从此拒绝学习和阅读，以示抗议吗？杀错方向啦。他们教学失败，那是他们搞砸他们的工作。你拒绝学习和阅读，你是在搞砸你的人生啊。这不是抗议，是自残，你抗议的对象无感，而你自己尝苦果。就像你连续吃到三家烂餐厅，难道你就从此绝食，以示抗议吗？”

很多人经常抱怨生活越来越差，其本质原因就是他们经常进行情绪对抗。比如说，你对某件事情产生不满，选择对抗。越是对抗，越会惹来别人的反感。如果你选择放弃，消极以对，这并不会给他人造成什么影响，只会让你的人生面临失败。

所以，不论做什么事情，你都不能选择情绪对抗。越是遇到了问题，你越应该学会控制情绪，直面应对。一个作家曾经说过：“情绪掌控，是每个人的必备能力。那些声称无法控制自己情绪的人，实际上是借此来为自己开脱责任。”

尤其是在职场上，情绪对抗的现象时常发生。有的人工作失败了，不会寻找自己失误的原因，而是对自己说：“这件事情，我本来就不喜欢去做，所以才会失败。”

哈伯德曾经在《把信送给加西亚》中说过：“工作本身没有优劣之分，工作是否单调乏味，往往取决于我们对待它的心境，每一件事都值得我们做好。一步一个脚印儿地向上攀登，便不会轻易跌落。”

越是面对不喜欢的事情，你越要学会调整自己的情绪。因为抱着对抗的心态去做事情，你的抵触心理就会越来越严重。在这种消极的状态下，你犯错的概率就会增大。

有一个作者，在工作的时候最常发生的事情，就是被客户反复要求改稿。为此，他非常不高兴。每次收到这样的要求之后，他就会消极很长一段时间。

有一天，他读了一本关于情绪的书。于是，他试着改变自己的消极想法。当他再一次收到客户要求改稿子的消息时，他没有抱怨，而是开始进行分析：为什么被客户要求改稿子，我会产生不愉快呢？他列举了几个原因：

（1）这会让我付出更多的劳动。

（2）我认为自己写得很好，完全没有改稿的必要，客户吹毛求疵。

（3）客户根本不专业，改稿的要求也非常可笑。

……

列举之后，作者找到了自己不高兴的根源，然后开始一条条去反驳：

（1）客户支付我稿酬，就是想要得到完美的作品。这其中包括购买了我的改稿服务。所以，客户改稿子的要求是天经地义的。

（2）客户对自家产品比我更了解，这样的改稿要求是从为产品服务的角度出发，我应该接受。

（3）大多数客户都是很优秀的，他们只是从不同的视角提出自己的建议，我应该学会谦虚地接受。

……

在给自己做了很长时间的心理分析之后，这个作者发现即使有的客户再次提出改稿的要求，他也能够心平气和地接受，并且积极地去寻找自己究竟哪里出了问题。

事实上，如果你遇到不高兴的事情，产生了情绪上的对抗，很容易浪费你的时间和精力。你不妨将其当成是对自己的一次锻炼，当成是一次经验的积累。当你学会转换心态后就会发现，其实那些你不喜欢做的事情，并没有那么让人头大，你多付出一点儿耐心和努力即可。

很多时候，我们不能去改变已经发生的事情，但是可以改变自己的心情。以积极的心态去思考自己的情绪问题，在发生不愉快之后为自己建立一道情绪的防火墙，这样你就不会被任何负面情绪打倒。

## 接纳不幸，让坏脾气变成无根之草

众所周知，每个人都期望获得幸福。但是，不幸总是猝不及防地发生。有的人遭遇了不幸，喜欢用发脾气来宣泄自己的痛苦。但是，这并不能改变不幸存在的事实，还会让痛苦的情绪愈演愈烈。

有时候，不幸的事情是无法避免的。与其逃避，或者是肆无忌惮地发泄自己的坏脾气，我们不如学会接纳不幸的事实，允许自己痛苦、抱怨一会儿，但是不要一直痛苦，要学会坦然面对。

玛丽和丈夫结婚一年了，两人非常恩爱，而且他们刚刚迎来一个可爱的宝宝。正当玛丽怀揣着幸福和希望迎接新生活的时候，一个不幸的消息传来：她的丈夫工作的时候出了意外，不幸身亡。

噩耗让玛丽一下子晕了过去，邻居把她送到了医院。醒来后，她反复对自己说，这不是真的，一定是一个噩梦。直到警察来确认之后，玛丽的全部希望都被打碎了。

她彻底崩溃了，眼泪止不住地往下掉，过度的悲伤让她不知道自己该如何是好。她白天会把自己关在屋子里，看着丈夫的照片独自悲伤。偶尔有登门来安慰她的街坊邻居、亲朋好友，她都会痛苦地向来人表达自己的悲伤。后来，每天晚上她甚至不得不靠着安眠药入眠。

有一天，玛丽觉得自己已经承受不了痛苦了，萌生了自杀的念头。突然，她看到了儿子可爱的脸庞，心想："宝宝已经没有了爸爸，如果连妈妈都没有，那多可怜啊。"

从这以后，玛丽决定接受失去丈夫的现实，将自己的心思放在抚养儿子长大上，勇敢地活下去。她好好地洗了个澡，出门前还化了妆，努力工作，和儿子开始了新生活。

当我们面对巨大的悲痛时，很容易失去冷静的头脑和面对人生的勇气。我们时而天真地幻想着会出现奇迹，事情会有转机，时而又封闭自己，让自己生活在痛苦中。这都是在折磨自己，已经发生的事情又怎么会因为我们这些不理智的举动而改变呢?

悲剧发生的时候每个人都会伤心，也都会做出一些不够理智的举动，这都是人的本性，没有什么对错。但事情总是要过去的，人生还要继续，过度伤心是对现实的逃避，这些逃避都是徒劳的，无论你愿不愿意承认，事实都实实在在地摆在那里，逼得你不得不去承认。

与其在现实的逼迫下一点一点地接受，一次一次地忍受痛苦的折磨，倒不如鼓起勇气，坦然面对所有的事实，剧烈伤心后就把曾经的痛苦抛到一边，重新开始我们的生活。

利兹·维拉斯奎兹出生后不久就患上了马凡氏综合征和脂

肪代谢障碍，这让她身体里无法储藏脂肪，全身瘦成了“皮包骨头”。十七岁的时候，她偶然间点开了社交网站上的一个视频，视频的标题是“世界上最丑的女人”，没错，视频中的人就是她。

她继续往下划，各种尖酸刻薄的评论让她难以接受，她曾一度萌生自杀的念头。幸运的是她迈过了悲伤的那道门槛，她坦然地接受了有缺陷的自己，甚至也开始学着去接受别人异样的目光。当街上有人盯着她看时，她会主动上前友好地对这个人表达自己不愿意被人这样盯着看的意愿。

后来她把自己的经历写成了书，分享给那些同样经历着不幸的人，她勇敢地站在TED的舞台上讲述自己的故事。从她直面自己的那一刻开始，她的人生走上了一条上坡路，她从一个默默无闻的丑女孩，变成了一个励志的作家、演说家。

有时候，人生的转机就在你坦然地接受悲惨遭遇的那一刻。从你面对现实起，你不再郁郁寡欢，而会以一种全新的态度、饱满的热情，在残酷现实的基础上开始新的努力。

坦然接纳人生中的不幸，是一种积极的人生态度。因为只有接受了，你才会想着去改变，才不会让坏脾气主宰你的人生。如果面对不幸的时候，你已经习惯了通过发脾气来发泄，那么不妨尝试一下下面的三个小技巧，学会让自己接受，并尝试去控制自己的情绪。

(1) 你的忧伤与他人无关。

很多人都会有这样一个思想误区，好像只要你受了委屈，就是全世界都欠你的，全世界的人都应该来安慰你或者帮助你。事实上，你的不幸和他人无关。只有认清楚这一点，你才不会迁怒别人，才不会朝别人发脾气。

（2）学会和自己对话。

更多的时候，我们并不是无法理解身边的人和事，只是一时被烦心事蒙蔽了双眼。这个时候，如果你能够冷静下来和自己交谈（实际上是反思自己的思维和行为），往往能够让自己审视事物的目光变得客观，从而使自己接受眼前的事实。这个时候我们要告诉自己，不要把是非对错看得太重，这些所谓的原则跟你爱的人以及爱你的人比起来，实在显得微不足道。

（3）和痛苦和平相处。

我们越是逃避眼前的不幸，痛苦就会持续得越久远，唯一的正确做法就是直接面对。在一件事或者两件事之间，你可能会感到无所适从，可是当你的经历足够丰富时，你的心态就会足够坦然，所谓的不幸也很难再侵蚀你快乐的心。

总而言之，不幸的事情就在那里，不管你有没有勇气，愿不愿意，都必须去接受，但只有主动和坦然地接受现实的人，才能主宰自己的情绪。

Chapter 3

# 认知改变了，情绪就对了

## 乱贴标签

### ——心理暗示带来的思维僵化

“我一直都是一个失败的人。”

“已经这么胖了，不运动了。”

“他太自私了，我要和他绝交。”

……

很多时候，人们总是喜欢乱贴标签。然而，贴标签是一种极端的概括形式。一旦你给某个人或者某件事情贴上了标签，你就会一直在心中进行自我暗示。如果你给自己贴了一个错误的标签，就意味着你基于自我犯了错误，并且创造了一个消极的自我形象。如果你给别人贴了一个错误的标签，就意味着你对别人形成了一个错误的认知，这不利于人际关系的发展。

心理学家贝科尔认为：“人们一旦被贴上某种标签，就会成为标签所标定的人。”长时间处在你贴的那个标签之中，很多时候会让你的思维僵化。在遇到问题的时候，你会下意识地朝着坏的方向思考。然后，坏事情不断地发生，你便会产生焦虑、恐慌等负面情绪。

有一位心理学家做了这样一个实验：

他邀请了一些志愿者，然后让他们做了一份调查问卷，将志愿者分为了“自认胆子大”和“自认胆子小”两部分。

心理学家将这些志愿者带到了一间房子的外面。他告诉志愿者：“这间房子的底部有一个水池，里面养了好几条鳄鱼。水池的上方有一张很结实的网，在网的上方则有一条很窄的木板桥。房间布置了十盏灯，但这些灯不太亮。”

心理学家打开了其中的一盏灯，由于灯光不太亮，志愿者们隐隐约约看到下面的池子中有很多凶猛的鳄鱼，那个木板桥也真的很窄，一不小心就会掉下去。

这个时候，心理学家问他们：“有谁愿意跟着我一起到桥的另一边？”

那些“自认胆子小”的人心想：“这真的是太可怕了，万一掉下去，岂不是命都没有了。”于是，胆小的志愿者纷纷表示自己不敢走。

而那些“自认胆子大”的人心中想的则是：“这真是一个有趣、刺激的挑战。”于是，他们纷纷表示愿意和心理学家一起通过这座桥。

在很多时候，暗示的力量是非常大的。当人们习惯了自己贴的标签之后，便会将自己困在这个标签之中。尤其是做事情的时候，你的思维会下意识地被这些标签左右，并且做出消极的选择。

比如说，你认为自己是一个“懒惰的胖子”，怎么做都减不下肥来。在这个认知下，你开始放纵自己，不再运动并且暴饮暴食，这就给自己贴上了一个错误的标签。在你的意识中，你将自己标记为懒惰，并为此绝望，然后，选择自暴自弃来发泄。

其实，“贴标签”的现象在生活中非常常见。比如说，当你想到柠檬的时候，大脑中第一时间想的就是“酸”，然后五官皱紧，口腔中分泌出更多的唾液。因为人们给柠檬贴上了“酸”的标签，所以在想到柠檬的时候，便会对这个标签产生一系列的生理、心理反应。

如果在与他人交往的时候，你也喜欢给别人贴标签，那你将陷入人际交往的困境之中。比如说，你给别人贴上自私、冷漠、不为他人考虑等标签，那么，在与他交往的时候，你的心中便会想：“这个人如此自私，我该怎么样做才能够不让自己的利益受损？”

高度地戒备，不但会让你心累，也会让别人不愉快。进而，别人会对你产生不好的印象。在这个状态下，你非常容易与他人发生冲突，从而导致自己情绪不稳定。

所以，如果你想要保持一个积极稳定的情绪状态，那么，你必须学会不给自己或者别人乱贴标签，即使要贴，也要选择贴一些比较积极的标签。比如说，你遇到困难的时候，对自己说“我一定可以”，在积极的标签之下，你便会产生不害怕一切困难的积极情绪，然后，成功地渡过难关。

当然，积极的标签也能够帮助你更好地发展人际关系。你与他人交往的时候，给对方贴上一个热心肠、脾气好、乐于助人等好的标签，你就会更加乐意和对方交往，很多矛盾会消失于无形之中。

第二次世界大战期间，有一批新士兵纪律散漫、不听指挥。为此，军队的领导很是头疼。后来，一位心理学家想出了一个办法。

心理学家让这些新兵每个月都给家人写一封信，在信中，他们要尽力地表扬自己，比如说他们如何听从指挥、奋勇杀敌，如何遵守纪律，受了多少奖赏等。

半年之后，调查发现，这些士兵都发生了很大的变化。他们真的朝着他们在信上所写的那样去努力了。

不论是在自己的工作中还是在与他人交往时，你都可以贴一些积极的标签或者给自己一个积极的暗示，形成积极的氛围。你一定要远离消极的标签，这样，在遇到问题的时候，你便不会因为那些消极的标签而固化自己的思维，将自己定义为一个“无能”的人。

## 非此即彼

### ——钻进“绝对性思维”的套子

很多时候，我们会面临各种各样的选择题，但并非所有的问题都只有唯一的答案。跳出“非此即彼”的思维模式，我们在面对选择的时候就不会感到“两难”甚至“多难”了。

有一家公司在招聘员工时，提出了一个试题。

在一个炎炎夏日，你开车经过一个车站，发现有三个人在苦苦等待公交车：一个是抱着正在发烧生病的孩子的妇女；一个是正着急去机场赶飞机的你的上司；还有一个是你想要追求的同事。而你的车只能容得下一位乘客，你会选择载谁？

选择载谁都有一定的理由：选择抱小孩的妇女，是因为觉得人命关天，孩子的健康更重要；选择送上司，是因为此刻正是自己好好表现、争取升职的好时机；选择送心仪的同事，是因为说不定对方就能更容易追到手。

然而，有一个应聘者却给出了这样的答案：把车钥匙交给上司，让他开车先把妇女送到最近的医院，然后再赶去机场，自己和心仪的同事一起等公交。

很多时候，人们遇到问题总是会形成惯性思维，认为事情只有一个解决方案。但是，当你跳出“非此即彼”的思维模式之后就会发现，想要解决这个问题，其实还有更好的方法。想要跳出“非此即彼”的思维模式，你可以这样做：

一是不必什么事情都以自己为中心，什么事情都得自己亲自做。正如前面送人的例子那样，一般人都会陷入一个思维定式中，就是“这是我的车，所以，这辆车必须由我来开”。如果能意识到“车由别人来开，我就可以解放出来做其他事情”这一点，就可以两全其美了。

二是想做某些事情，但付出的代价我们承担不了，那就整合有关系的角色，分工协作，共同承担。

每个人都有不同的生活阅历、知识水平，面对同样的问题，所处的立场、思考的角度不同，所采取的方式可能会大相径庭。但这不代表一定是谁对。每个人的方法或许都有可取之处，也有不足之处。正如在技术领域，许多新技术其实就是已有技术的重新组合，许多思想创新就是因为碰撞而产生的。

在辩论赛当中，每个论题都有正方和反方。每一方只能坚持一个角度，找出相关论据，并驳斥对方立论上的不足。但是辩论赛看重的是辩手在思辨以及表达上的能力，而最后胜利的一方不代表他们的观点就是对的，另一方的观点就是错的。现实中的很多事情往往都是两方面都有一定的道理，统筹兼顾才是解决问题的原则。如果将这种辩论赛上的模式带到生活中，那么生活也将会像赛场上那样唇枪舌剑，永无休止。

非此即彼的思维模式，还包括“零和思维”，“零和思维”是指觉得对方占便宜了，自己就吃亏了，所以就想方设法地维护自己并打压对方。“零和思维”的前提是所拥有的资源是有限的，一方索取得多，另一方自然就少，就像面对一块蛋糕时，你吃得多了，我就吃得少了。但是，很多东西并非先天就有，而是不断创造出来的。假如双方怀着“协同努力，合作共赢”的心态做事情，既不是用“你的方法”，也不是用“我的方法”，而是共同寻找“我们的方法”，就会更容易获得丰厚的回报。

2005 年前后，沃尔玛被环保主义者指责说他们的碳排放量巨大，对环境产生了恶劣的影响，要求他们做出整改。

面对这种要求，沃尔玛一是可以采用公关手段予以反驳，公司照样经营；二是可以加大环保投入，进行可持续发展。前者不需要过多的成本，可以保持公司的价格竞争力，但是公司声誉可能受损；后者对公司的长远发展大有裨益，但是会导致成本提升，公司利润降低。

有没有一种方法既可以维护好公共关系，又不至于让成本提升太多呢？后来公司高层决定，一方面通过公关获取一些权威部门的支持，另一方面利用自己对供货商的影响力，要求他们注意环保方面的要求。这样，环保的目的达到了，成本也没有多出很多。

在2018年的亚洲博鳌论坛上，随着时代的发展，我们国家的发展方针已经变成："面向未来，要互相尊重，平等相待；对话协商，共担责任；同舟共济，合作共赢；兼容并蓄，和而不同。"

在世界范围内，我们国家与其他国家的交往方针就是"美美与共，和而不同"。即便我们做不了世界层面上的大事，这些原则也可以用在我们身边的人与事上来。

# 刻意放大
## ——习惯从望远镜放大的一端看失败

有这样一个小故事。有位农妇不留意打破了一个鸡蛋，这本是一件再平常不过的事情，但这位农妇继续往下想：一个鸡蛋经孵化后就可以变成一只小鸡，小鸡长大后就成了母鸡，母鸡又可以下很多蛋，蛋又可以孵化很多母鸡。最后农妇大叫一声："天哪！我失去了一个养鸡场。"失去一个鸡蛋的痛苦竟被放大成失去一个养鸡场的痛苦。

故事虽然有些夸张，但是在现实中，我们是不是也经常会放大失败和痛苦呢？

人之一世，殊为不易。不少人在成功的路途中跌倒了，没有跨过失败，不是因为他能力不行，也不是因为命运对他不公，而是因为他的脖子上挂着一个超倍望远镜，而他总是用放大的一端来观察失败，从而将失败当作一座难以逾越的高山，最后止步不前。

法国思想家卢梭说过："除了身体的痛苦和良心的责备外，一切痛苦都是想象出来的。"

中国前体操运动员桑兰一直表现优异，被誉为中国的“跳马王”。1998 年，桑兰参加美国纽约第四届友好运动会，在一次赛前训练时，由于一次转体失误，造成了严重的伤势：颈椎粉碎性骨折，胸部以下高位截瘫。从此，她只能告别体操生涯。那一年，她才十七岁。

虽然如此，在她醒过来后，她不仅没有悲痛欲绝，甚至都未曾流过一滴眼泪。她面容上灿烂的微笑不仅征服了中国和美国，也征服了世界。

后来，她加盟了星空卫视，成为《桑兰 2008》的节目主持人，在众多媒体上开设体育评述专栏。1999 年，她成为第一位在纽约时代广场为帝国大厦主持点灯仪式的中国人，后来被北京大学新闻与传播学院破格录取，2008 年被选作北京奥运会的火炬手之一。

桑兰遇到的挫折无疑是巨大的，但是她选择了从望远镜缩小的那一端去看待挫折，从而让挫折显得微不足道。

每个人的一生中不可能全是失败，很多时候，往往是苦尽才能甘来，就像人们常说的“失败是成功之母”。经历了一些失败、挫折，我们才会更加珍视成功的价值。我们应该相信，我们不会一直失败。既然很多失败不可避免，即便做不到微笑面对，也可以平淡地看待它，把它缩小了，它带给我们的压力也就减少了。

并且，把失败缩小后，失败就从不可跨越的围栏变成了我们抬脚即过的门槛，甚至是进一步登高的台阶。

失败和成功是相对而生的，痛苦和快乐也是相伴而行的。我们的望远镜可以放大失败和痛苦，当然，也可以放大成功和快乐。而当我们放大了成功，还有成功带来的快乐时，自然而然地，失败和痛苦也就被缩小了。

有一部法国电影叫《天使爱美丽》，“爱美丽”其实是主人公艾米莉的一个充满诗意的译名。在剧中，艾米莉有一个孤单寂寞的童年：母亲在她八岁时意外身亡，父亲对她也不怎么关心，几乎都没拥抱过她，她被父亲认定有心脏病，不能去学校，她唯一的朋友就是一条金鱼。

但这样的童年并没有让艾米莉失去对生活的热爱。有一次，艾米莉从一块墙砖中找到了一只铁盒，便决定找到盒子的主人。

在寻找几十年前的盒子的主人的过程中，她开始帮助所有的人，比如路上的盲人，二十年不出门的“玻璃人”老爷爷，被丈夫背叛的女房东，以及善良木讷的伙计。她所做的事情都不算多么伟大，但也就是这一件件的小事成就了她的“天使生涯”。

散文作家林清玄曾为朋友写了一副对联：上联是“不思八九”，下联是“常想一二”，横批是“如意”。何谓“一二”“八九”呢？有句俗话说“人生不如意事，十有八九”，所以，即便不如意的事占了八九分，如果我们选择不去重视它，那么它也会变成一二分；常想那一二分的好事，好事也就变成了八九分。

有很多人相信手掌上的事业线、爱情线。其实，我们对手掌线也可以换一种思路来认识：不管遇到的事情有多大，都不过是我们手掌中的一条线而已。只要我们握紧了拳头，那么，事业、爱情不就在我们手中吗？

## 心理过滤
### ——只挑剔生活中的坏事，忽视积极的一面

人生就像海浪一样，不可能一直在高潮，也不可能一直在低谷，往往是快乐和痛苦相交织。但是，同样都会经历苦与乐，乐观的人留下美好的印象，一生就会是快乐的，悲观的人过滤掉了美好，留下的只能是痛苦的回忆。

周薇最近非常烦恼，感觉处处不顺心。公司最近派周薇去南方出差，炎热的天气让从小在北方长大的她非常不习惯。尤其不幸的是，她需要在这里工作半年的时间。

没有了方便的地铁，周薇每次只能挤公交车去上班，经常会迟到；公司里的人更喜欢说当地的方言，交流困难，更是增加了开展工作的难度；和同事们玩不到一起，也会让她觉得很孤单……

周薇心想："我是不是哪里得罪了上司，上司才会将我派到这个偏僻的地方来?"

情绪消极的人，总是会看到坏的一面。比如说，同样地面

对晨曦，消极的人会说“天还是这么黑”，进而会闷闷不乐；而积极的人则会说“太阳正在逐渐地升起”，从而喜笑颜开。当我们把注意力投放在事情积极的一面时，消极的黑暗的一面自然就可以被我们屏蔽掉。

当然，这不是让我们故步自封，对自己的缺点、不足视而不见，放任自流。适当地知道自己有所不足，也有助于自己不断进步。然而，如果只关注自己的不足，则会让自己变得“一无是处”。比如，相比姚明，我不如他高；相比刘翔，我不如他跑得快；相比刘德华，我不如他长得帅。这样比起来，自己只会陷入自卑的心理中无法自拔。

一天早晨，一个园丁去他的花园里一看，所有的花草树木都枯萎凋零了。他非常诧异，就挨个问这些花草怎么了。

门口的橡树说，因为觉得没有松树那样坚韧挺拔，便生出厌世之心，不想活了；而松树却又恨自己不能像葡萄藤那样结果子，也变得沮丧；而葡萄藤也因为自己不能直立而伤心……

生活中不会有十全十美的人，也不会有所有方面都切合我们的事物。所谓“过滤”掉消极的一面，不是竭力地把不足的一面剥离掉，只留下美好的一面，而是关注美好的一面，也允许不美好的一面存在。如果刻意地不想留着不好的一面，其实，我们的注意力仍然放在了不好的那一面。听起来就像是让我们戴着一副有色眼镜来看待我们的人生，只不过这副眼镜是积极的，能让阳光的、好的一面透过来，让消极的一面被挡在外面。

古希腊哲学家苏格拉底原先和几个朋友居住在一间只有七八平方米的房子里。友人认为他居住的条件太差了，他说："朋友们住在一起，随时可以和他们交流感情，不是很高兴的事情吗？"

几年后，房子虽然大了，却只有他一个人住了。有人问他会不会感到寂寞，苏格拉底则说："我有很多书啊，每一本书都是一位老师，和这么多老师在一起，不也是很高兴的吗？"

后来苏格拉底住的房子是多层的楼房。在一楼住的时候，他说："一楼方便，还可以在空地上种种花。"搬到顶楼上之后，他则说："顶楼光线好，白天晚上都安静。"

其实，我们也可以像苏格拉底这样，关注事物中积极的一面，自然就会是快乐而充满阳光的。

古语有言："知足常乐。"当我们过滤掉消极的一面，珍惜当前积极的那一部分时，我们才会充满信心，心情才会愉悦。而愉悦的心情，也会使我们获得清醒的头脑、缜密的思维，以此来面对以后的人生，即便再遇到一些困境，也不至于深陷其中。

## 以偏概全
### ——偶尔失败，就等于整个人生的失败

有的人偶尔失败了一次，就会认为自己的整个人生都是失败的。这种想法，我们称为“以偏概全”，也就是将一件偶然发生的坏事情的影响不断扩大，甚至认为这就是整件事情的最后结果。

没有人会喜欢失败，但是如果经历了一次失败，就用它来定义全局，未免太过草率。以偏概全的思维认知，无疑会让人陷入消极情绪的陷阱之中，让人对人生失去希望。

从前，有一个农夫养了一群羊，结果被一个教徒骗走了好几只。农夫非常愤怒，在以后的日子里，一旦看到有人和教徒来往，就劝对方说这些教徒都是道貌岸然的家伙。

有一天，一个传教士来到农夫的农场，说要买一只羊。然后，他挑了一只非常瘦弱，看着就不太健康的羊。

农夫很奇怪，于是问道：“你为什么要买一只病羊呢?”

传教士笑着说：“我要将这只羊拴在我家门口，告诉所有过路的人，这只羊是从你的农场里面买的。这样，大家就会认

为你这里的羊都是这样的。”

农夫听了，很愤怒地质问传教士为什么要这样做。

传教士说道：“这不是你一直都在做的事情吗？”

人们陷入以偏概全的认知理念后，就会认为所有的事情确实是朝着自己想的那些坏方向发展的，尤其是在遭遇失败的时候，这种心理会更加强烈。

奥地利心理学家阿德勒曾提出一个心理学概念，叫作“吞钩现象”。这个概念基于一个有趣的现象：鱼儿在咬钩之后，越是疯狂地挣扎，越是难以挣脱鱼钩。人生当中又何尝不是如此，每个人都不想品尝失败的痛苦，就如鱼儿不想被鱼钩勾住。但我们也知道，没有谁可以一下子就可以成功，失败是在所难免的。所以，如果不能正确而积极地对待失败，那么将会不可避免地遭受重复伤害。

我们都希望很容易就获得成功，对于失败难免会心有抵触，无法接受。但是通往成功的路，实际上就是排除了失败后剩下的那一条路。当事情失败的时候，这只是在告诉我们：此路不通，另想他法。假如有了这样的认识，我们对于失败的抱怨或许就会减少许多。

很多时候，失败一次并不可怕。无论做什么事情，每个人都有失败的可能。你并不需要将其看作人生的最终结果。很多时候，一次失败反而可以增长你的经验。正确地对待失败，你才能够找到失败的根本原因，进而解决它。

当我们为失败感到沮丧时，我们不如想一想，从一开始到现在，我们肯定不会没有一点儿欢乐的时光，不管事情大小，我们肯定不会没有一丁点儿的成功。

回忆一下以前成功时的喜悦，也会相当程度地提升我们的自信心，让我们认识到现在的失败只是一时的。虽然日后的成功还没有到来，但是，我们依然可以感受一下成功的喜悦。

在日本大阪，一家公司设立了“大失败奖”，该奖项专门被用来奖励失败的员工，甚至老板也得过这个奖。虽然一般人无法理解这样的做法，但在经济学和管理学上来说，“大失败奖”有其合理的一面。一个人在失败时受到的不是指责和批评，而是鼓励，那么他也更容易从失败中走出来。

一个真正有责任心的人在经历了失败后，难免会有些自责和沮丧。如果进一步地批评或者指责对方，因为这一次失败就全盘否定了对方的努力和付出，对方的心情无疑会更加沮丧。所以，我们在面对他人的失败时，应该多用积极、鼓励的话来安慰对方。甚至，对方还可能因为你的鼓励重建信心，取得更大的成就。

当年，洛克菲勒标准石油公司的元老人物贝特富德，在一次投资中不慎失败，给公司带来了巨大的损失，他一直惴惴不安，深陷自责当中。有天下午，他在路上看到了老洛克菲勒，觉得无颜再见他，便扭头离开。

但是，老洛克菲勒叫住了他，向他走来，拍着他的肩膀说：“我的老伙伴，你干得好极了，我本来以为会血本无归，还好你及时果断地处置，仍然收回了百分之六十的投资。你干得这么出色，真是难能可贵啊。”贝特富德原本觉得一定会被老洛克菲勒嘲讽、责怪，没想到竟然得到了赞赏，一直沮丧的心情也得到了安慰。从此，贝特富德在工作上也提高了自信心，为老洛克菲勒做出了更大的贡献。

没人能保证每个人的每个抉择都是正确的，并且，许多的失败并非因为自己的能力不够，只是运气不佳而已。假如我们一直深陷于固有的失败中，我们或许就会采取一些更激烈的手段，孤注一掷，就像一个赌徒一样，输了一次后，即便借钱也要赢回来，最终越输越多。那样的话，或许失败真的就越来越多，成功就越来越远了。

所以，面对一次失败，要相信这不是人生的全部。这样在以后解决问题的时候，我们才会有足够的信心，保持清醒的头脑，不至于一错再错。

永远躺着的人才不会摔倒，不下水的船才不会倾覆，如果只因一次失败就躺下并且不起来了，虽然不会再失败，但是也不会再成功。

## 灾难化

### ——“天哪，这简直是最糟糕的事情！”

“天哪，我一定是世界上最不幸的人。”

“这简直是世界上最糟糕的事情了。”

……

有的人在遭遇坏事情的时候，喜欢将其带来的灾难夸张化，并且不断地给自己暗示，这件事情的失败造成的坏影响非常大，不断地打击自己的自信心，从而导致事情往更坏的方向发展。

一天晚上，一个司机在一条乡间小路上开车。突然间轮胎破了，他想换轮胎，却发现没有带千斤顶。

后来这位司机看到不远处有一户人家，就打算去借。他一边走一边在心里盘算着：“要是没有人来开门”“要是他们没有千斤顶”“要是他们觉得我是坏人”……越想，司机越焦躁。等到那户人家开门时，他便恼怒地说：“不借就不借，你自己留着用吧。”

你是否也总把事情往坏处想，每天都处在紧张、猜疑、担忧的情绪中，觉得人生一点儿都不快乐？这其实就是一种灾难化思维。

时常怀着灾难化思维的人，往往将事情的后果想得非常严重，甚至对将来不可能发生的事也做最坏的打算，从而导致自己的情绪不稳定，本来力所能及的事情往往也因为想得过多，反而做不到了。

运动员在关键时刻出现失误，往往是由于他们对结果考虑得太多，失去了胜利所需要的灵活性。也许费德勒在内心深处意识到了对手使用了一种很重要，但自己一直以来都没有学会的能力：关键时刻不去过度思考结果的好坏。

即便考虑到了最坏的结果，我们也应该觉得胜券在握、胸有成竹，最坏的结果我们也能应付。这样的话，倒也没有什么妨碍。当我们一想到最坏的结果就过分焦虑时，往往是因为我们想的是一种逃避的应对模式，事情还没开始就想逃避，甚至事情不可能发生就先从内心深处想着逃避。除了往不好的角度考虑得过多外，这样的人平时多半缺少足够的独立性以及自信心。对有些可能发生的事情，他们害怕自己没法应付，所以需要调用全部的能量来应对这些不安。

针对这种情况，除了不要多想不好的结果外，平时在做任何事情时，都要培养自己坚定的自信心，并且提升自己解决相关问题的能力。这样，即便是最坏的事情发生了，我们也不会过于焦虑不安。久而久之，也就不会再去想最坏的结果了。

“积极心理学之父”马丁·赛利格曼认为，悲观的人常常认为造成失败的原因是永久的、普通的，而且全都是自己的错。相反，乐观的人具有坚韧性，他们把自己所面临的挫折看成是特定的、暂时性的，是别人行为的结果。比如，面对“我这次数学没考好”这件事，悲观的解释就会是“我永远学不好数学，我脑子太笨了，我学啥都不行”，乐观的解释则是“这次数学没考好，是因为我有些贪玩了，没用心学习，只要专心一点儿，就可以赶得上”。

如果我们一直陷入灾难性思维中无法自拔，最坏的结果说不定就会真的实现，因为我们丧失了转变的信心和动力，从而将错就错，破罐子破摔了；反过来，假如我们怀着积极的态度面对失败，我们就会去寻找改变不好的结果的方法，最后，这件事情也就到此为止，不会再恶化了。

有一年的美国网球公开赛第五场半决赛。在经历了四个小时的史诗般的对决后，费德勒只需要再获得一分就能击败年轻的对手德约科维奇。

然而，当费德勒往德约科维奇的右侧迅速用力发球后，他发现自己陷入了进退两难的境地，德约科维奇将他的发球以一种致命精准的正手回击过来，费德勒未能接住，德约科维奇的冷静使人们激动不已。约翰·麦肯罗称其为“史上最棒的击球之一”。最后，德约科维奇赢得了整个比赛。在后来的新闻发布会上，费德勒说自己之所以输了是因为德约科维奇“幸运的一击”。在网球运动中，确实有某些球员就是这样赢的。

在过去的两年里，费德勒没有赢得大满贯并不是因为身体问题，而是因为关键时刻出现的心理脆弱问题。用体育界的行话表示，就是他被“哽住了”；用专业人士的话来说，这是费德勒过度考虑坏结果导致的。

很多事情出现的最坏的结果，往往是一系列的条件综合在一起导致的，每一种最坏的结果也只是“万一”才会出现的。即便遇到了一次“万一”，再遇到其他的“万一”的概率就更小了。即便有些事结果未可知，但你也应该将自己当作幸运儿，要相信那些不好的结果不会再次发生在你的身上。

# 否定正面思考

## ——事情糟透了，看不到一点儿希望

有的人遇到事情，喜欢从正面思考，他的人生态度也是积极乐观的。有的人，不管遇到好的事情还是坏的事情，都喜欢往坏的方向思考，最后得出一个“事情糟透了”的结论。这种“否定正面思考”的思维认知模式，会让你的生活变得一团糟。

遇到事情，经常朝着坏的方向想，这种否定的认知模式甚至可以将原本正面的体验转换为负面体验。这会让你长期处在抑郁之中，认为人生没有了希望。

在《伯恩斯情绪治疗法》一书中，作者讲了这样一个小故事：

有一个年轻的女子，患有严重的抑郁症。一次，抑郁症发作了，她不得不去住院治疗。在住院期间，女子和医生说道：“我是一个坏女人，没有人会关心我。这世上没有一个人会搭理我，我真的是太寂寞了。”

医生反驳道：“医院里有很多医生护士，还有与你一个病房的患者都说很喜欢你。”

这个时候，女子又说：“他们不算，他们从来没有在现实世界中接触、了解我。你看，医院外面的人就一点儿都不关心我。”

然而，根据医生的了解，女子的家人朋友都很关心她。于是，医生疑惑地问她：“为什么你会这么想？”

女子说道：“医生，你应该知道，没有人会真正地喜欢我，哪怕是一秒都不可能！”

有的人总是抱怨人生不公平，为什么倒霉的事情总是发生在自己的身上？然而，他们从来没有想过，正是因为自己的认知思维发生了偏差，所以才会认为自己遇到的都是坏事情。

比如说，你在工作上取得了很好的成绩。有同事夸赞你，你却在心中想：“这只是他们表达友好的方式而已，他们这样夸赞我，是不是想要找我帮忙？”当你产生这种想法之后，即使工作取得了成就，依然不能够再给自己带来开心喜悦的情绪。

甚至，你还会给对方回一句：“哦，这根本不算什么。”不但给自己的成就泼了一盆冷水，也会让赞美你的人陷入尴尬之中。

然而，这其实不过是你多想了而已。对方并没有任何目的，只是单纯地赞美你的成就而已。然而，因为否定正面思考的思维，你的潜意识就会将别人的赞美误解为嘲笑或者是别有所求，你最后就会被负面情绪包围。

有时候，人们的意识活动是由思维来决定的。比如说人的思考、判断、推度等。通常，这种意识活动有两种趋向：一个是正面思考，另一个就是负面思考。而否定正面思考，就是无论什么事情，都倾向于负面思考。

正面思考，有利于人际关系的发展，能够帮助人们以积极的态度去分析、解决问题，找出更好的替代方法。而否定正面思考，则会让人们陷入自怨自艾之中，对凡事都抱有怀疑的态度，让原本的好事情变坏，让原本的坏事情变得更糟。

拥有希望，正面思考问题，在很多时候甚至能够让你化腐朽为神奇，在面对困难的时候，让你拥有继续下去的勇气。

五岁的时候，张海迪胸部以下完全失去了知觉，不仅成了一位高位截瘫的病人，而且还被医生预言很难活过二十七岁。

在死神的威胁下，张海迪没有自怨自艾，消极以待。而是将自己生命的全部热情投入到了学习和工作之中。

她曾经在日记中写道："我不能碌碌无为地活着，活着就要学习，就要多为群众做些事情。既然是颗流星，就要把光留给人间，把一切奉献给人民。"

后来为了缓解病痛，她萌生了学医的念头，并且通过自己的努力，掌握了一定的医术，为很多人治好了疾病。

她从来不会去为那些不幸伤春悲秋，而是学会了更加珍惜时间。她学会了写作、画画儿，学会了识简谱和五线谱，学会了弹奏乐器……她靠着自己的信念让原本灰暗的人生变得多姿多彩。

远离否定正面思考，遇到事情学会从积极的角度去思考，积极迎接生命中的挑战，就能够远离负面情绪。研究发现，很多成功人士，比如林肯、马云、华特·迪士尼等，共同特点就是越挫越勇、越衰越成功。遇到挫折，坚持正面思考，就能够在未来的职场人生中取得成功。具体你可以这样做：

（1）进行自我心理建设。

经常和自己说一些充满正能量的话，这样就能够起到鼓舞自己的作用。当你遇到事情，想要朝着负面思考的时候，这些正能量就会适时地制止你，并且告诉你事情并没有那么糟糕，你一定可以。

（2）做让自己快乐的事情。

研究发现，乐观开朗的心态能够让人更加健康。当你发现自己遇到事情喜欢往坏的方向想的时候，不如停下来，做一些让自己感觉到快乐的事情。比如说，听喜欢的音乐，看喜欢的电影，吃喜欢的美食等，让自己活得开心一点儿，感受人生的美好。

（3）和充满正能量的人做朋友。

人与人之间的交往，是能够互相影响的。与充满正能量的人交往，你的思维和心情也会朝着正面的方向改变；与充满负能量的人交往，你会变得抑郁、低沉。所以说，要远离那些充满负能量的人，多与充满正能量的人交往。

改变否定正面思考的思维模式，你就会发现，对于原本那些你认为糟糕的事情，只要你的认知改变一个小小的方向，就能够获得完全不同的结果。所以，如果你有这个方面的问题，不要犹豫，马上来改变自己吧。

# 情绪化推理

## ——把情绪当成了事实的依据

我们每个人每天都会有各种各样的情绪产生，很多时候，我们的情绪容易受到外界的影响：一早起来，风和日丽的，心情可能就更舒畅一些；如果阴雨绵绵，难免会感到心里压抑；工作比较顺利了，做起事情来就更加有动力；工作不顺利，做起事情来就容易沮丧。

其实，外界事物的好与坏不全在事情本身，也和我们心情的好坏有莫大的关系。

曲莉是一位中年母亲，在一家事业单位上班，丈夫受过重伤，只能做一些清闲的杂活儿，儿子才五岁大，一家人生活得比较艰苦。生活的重担时常让曲莉感到心力交瘁，丈夫也不太懂得体贴她，情绪时好时坏。她的儿子算比较懂事的，经常帮助父母做一些家务活儿。

有一次，曲莉在单位遇到点儿不高兴的事儿，回到家里气都没消。在她准备包饺子的时候，儿子一直想玩橡皮泥，但是因为家里没有，就想拿一块面团来玩。

曲莉看见了，就一把把儿子的面团夺过来，并呵斥他："你怎么这么贪玩，连吃的东西都拿来玩，这多么浪费啊，一点儿都不知道家里的难处啊……"儿子吓得赶紧把面团丢掉，悻悻地离开了厨房。

很多事情原本不是我们想象中的那么糟糕，许多人说的话也并非对我们恶语相向，只是因为情绪不好，我们便容易将自己或者身边的人与事看得很糟糕。

不同的人在情绪的处理方式上也会有所不同。有的人把情绪都挂在脸上，高兴的时候对待别人都是笑脸相迎，别人一对自己说好听的话，自己就飘飘然，为帮别人做事而夸下海口，但实际上并没有能力做到；情绪不好时，遇到点儿挫折就否定自己，觉得自己不适合做这件事，把别人的好言相劝当成对自己的讽刺。

如果人们做事情的时候全由着情绪来，喜怒无常，非常不妥。当然也有一些人不愿意表露情绪，什么事都装在心里。他们在明面上不愿和谁有冲突，一旦心里有了情绪就极力压抑，认为自己不能有不好的情绪。然而，越是这样，等到有一天，忍无可忍，爆发出来的时候，别人越会觉得莫名其妙。如果我们对某个人有成见，一见到他就气不打一处来，那么我们对他的评价也不会多么客观。

情绪产生了并不可怕，不管是正面的还是负面的，适当的情绪对我们处理一些事情可能有所裨益。但是不管是一味地放任自己的情绪还是极力压抑自己的情绪，都是不可取的。管理好我们的情绪，不要让情绪蒙蔽了我们的头脑，我们才可以如实地了解我们自己和他人。

有一个男孩脾气很差。他的父亲就给了他一袋钉子，并告诉他，当他想发脾气时，就钉一枚钉子在篱笆上。

第一天，这个男孩钉了四十枚钉子。看到这么多钉子，男孩意识到自己原来这么爱发脾气。从此，想发脾气的时候就想着要收敛一些。后来，日复一日，所钉的钉子一天比一天少。

当我们评价一个人或者一件事情时，我们首先需要觉察我们是否处于强烈的情绪当中，如果有情绪了，就先觉察我们的情绪状态，等心情平复了，再去做事。

管理好情绪，通常有以下三个步骤：

首先，不管是什么情绪，先要正视并接纳它，体察一下自己现在处于什么样的心情，是伤心，是生气，还是沮丧等。及时地觉察到情绪，才能为自己的情绪负责，才能让自己不被情绪左右。

其次，要找到情绪产生的源头。情绪的产生往往是因为没有满足自己的某种需求，不管是物质层面上的，还是精神层面上的。

最后，找到有效处理情绪的方式。未满足的需求能否尽快获得满足，没有完成的事情还要不要继续去做；如果事情无法改变了，那就先放一放，用一些合适的方法纾解一下情绪，不管是冥想、运动、找人聊天，还是大哭一场。

当情绪没有太大的波动时，再去面对要做的事或者评价某些人，这样才会客观而公正。

假如其他人要和我们商量某些事情，如果自己正处在心情不好的时候，那就先对对方说：“我现在心情不好，先缓缓再考虑这件事。”如果对方正处在气头上，我们要谨慎对待他所做出的评论，对他的言辞不必太当真，说不定一会儿他就改弦更张了。

## 应该句式

### ——认为事情“应该”以某种方式和规则进行

“应该式”的认知存在于很多人的思维中。比如说，当你向别人寻求帮忙的时候，理所当然地认为对方必须帮助你；当你帮了某个人一个小忙的时候，就认为他应该一辈子对你感恩戴德；当你努力工作的时候，就认为自己应该取得成功……一旦达不到预期标准，你就会耿耿于怀，心生不满甚至怨恨。

然而，世事是多变的，每个人都是独立的个体，大家都有自己的想法，并不是所有的事情都会按照你认为的“方式和规则”进行。

心理学博士阿尔伯特·埃利斯将扭曲的认知称为“必须强迫症”，我们也可以称其为“应该生活法则”。当你的思维陷入应该生活法则之中时，一旦期望的标准没有达到，你便会陷入负面情绪之中。想要改变这种现状，摆脱负面情绪，那么，你就要学会改变自己的应该式认知，不能够将所有事情都当作理所应当。

方媛是一家广告公司的设计师，朋友经常会请她帮忙修图或者是设计一些海报。

有一次，方媛的一个朋友要开一家网店，但是他对于那些美术软件不是太懂。于是，他请了方媛帮忙设计一些宣传海报并给商品修一下图。

方媛忙了一个多星期，终于做完了。将作品传给朋友之后，朋友满口称赞，并且说，帮了他这么大的忙，一定要请她吃饭。

方媛听后，连忙拒绝道："不用了，只是举手之劳而已，咱们之间不用这么客气，而且我最近还忙着赶设计呢。"

朋友听后，没再说什么。但是，就在当天下午，朋友给方媛发了一个200元的红包，并且发来一条微信："既然是朋友，就不能让你白干活儿。虽然钱不多，但是我的一点儿心意。等着我赚钱了之后，请你吃大餐。"

看着朋友发来的红包，方媛觉得很欣慰。虽然钱不多，但是朋友的这点儿"小心意"让她觉得自己花费时间和精力制作的劳动成果得到了尊重。

其实没有什么事情是理所应当的。如果你将"应该"强加给别人，只会引起他人的不满。不论是帮助他人或者是寻求他人的帮助，你都不能够抱着"理所应当"的心态。别人帮助你是情分，不是责任；你帮助别人是出于朋友的道义，更不能够抱着要对方回报你很多的想法。

还有一些人喜欢说"你不能这么做，而是应该……"，喜欢站在制高点上去对别人的人生指手画脚。一旦别人没有按照他们的想法去做，他们便认为对方不知好歹，并且一定会失败。

比如说，你的一个朋友已经二十九岁了，还没有结婚。你便对对方说：“你不能这么挑剔，应该降低一下自己的标准，要不然年纪越大越难找到好的。难道你要孤老一生吗?”但是，你并不了解别人的人生，更没有资格对其指手画脚。

风投大佬 Ben Horowitz 曾经说过：“最难掌握的 CEO 决胜技是什么，就是对自己内心的控制！组织设计、流程设计、指标设置以及人员安排等都是相对简单的工作，对内在情绪的控制才是最艰难的。”

在人际交往中，我们可以发现，那些情绪稳定的人，非常善解人意，从来不会将自己的想法强加在别人身上。尊重别人，才能够获得别人的尊重和喜爱。只有掌控好自己的情绪，才能够取得成功。但是，如果你总是将“应该”句式强加给他人，便会很容易感到沮丧，甚至失去人生的斗志。

举个例子，你约客户见面，对方因为有别的事情来迟了十分钟，你心想：“他难道不知道别人的时间很宝贵？真不应该这样，他应该准时来。”你越想，越会对客户产生不满的情绪，一旦将不满的情绪带入工作中，很可能会导致谈判失败。长此以往，这种“应该”句式带来的挫败感，便会让你的情绪崩溃。

有的人不仅喜欢将“应该”句式强加给别人，还喜欢将其强加给自己。当他做一件自己不喜欢的事情时，为了鞭策自己，便会对自己说“我应该做这个”或者是“我必须做那个”。以此来激发自己的潜能和动力。

然而，这样的行为，只会激发自己的逆反情绪，给自己造成重重压力，使自己更加厌恶这件事情，继而对这件事情产生怨恨。研究发现，越是喜欢对自己说“应该怎么做”的人，越是会意志消沉。

公司来了一个外国客户，经理将接待客户的重任交给了苏宁，并且告诉他，这个客户很重要，务必要让客户感觉到宾至如归。

虽然经理将这么重要的任务交给自己，代表了他对自己的看重，但是，苏宁很愁，他的英语早就还给老师了。

苏宁不得不重新去学习一些日常交流口语，并且对自己说："这是我的工作，我必须学会。而且，我也能学会。"

然而，一段时间之后，看着英语学习书，苏宁依然觉得是像看天书一样，他甚至怀疑自己的能力根本就不能够胜任这份工作。

当你并不能够达到预期标准时，便会用"应该"来让自己感觉到羞愧，然后更加痛恨自己。长此以往，你不但会对自己的能力产生怀疑，产生失望的情绪，甚至在以后的生活中遇到事情就会产生"我不行"的念头，对自己绝望。

所以，如果你想要保持稳定的情绪，那么，不论是对自己还是对他人，都不要强加"应该"句式。只有这样，你才不会因为没有达到预期标准而失望。

## 罪责归己
### ——“都是我不好”

当你与别人发生争吵的时候，你是否会认为都是自己的原因，并心怀内疚？当你参与的工作项目失败的时候，你是否会认为这是自己的错误造成的，并不断自责？甚至同事生气了，朋友生病了，你也会不自觉地思考自己哪里做得不够好……

不管是什么不好的事情，你都喜欢将原因归咎在自己身上，即使没有根据也依然如此。这种错误的认知，就是“罪责归己”，或者将其称为“内疚之母”。简单而言，就是发生的这件坏事情明明和你无关，但是你还是武断地认为：“都是因为我的错，事情才会发生，我真是无能。”

有一个心理医生接诊了一个病人。

医生制定了三个疗程，并且告诉病人，三个疗程之后，他一定会康复。然而，在进行治疗的过程中，病人并没有根据医生的建议去做自主治疗。结果，病人的症状并没有缓解，甚至还开始出现了幻觉，连安眠药也不能够帮助他入睡了。

心理医生陷入痛苦中，并且开始不断地自我怀疑，他想：

“这都是我的错，因为我太没用，才会让他自主治疗不积极，我的责任是让他好转啊。”

其实，“罪责归己”最大的作用，就是会让人产生极端的内疚感。若是长此以往，失败感不断积压，还会让人产生深深的自我怀疑。他们最常说的口头禅就是“都是我不好”。

过分的内疚感，是一种畸形的责任感。你总是主动承担不属于自己的责任，并且在强大的责任感的迫使下，你只能背负起整个世界。然而，这只会让你不堪重负，每天活得很累。究其根本，你产生这种想法的原因就是你混淆了“影响他人”和“控制他人”的概念。

每个人都是独立的个体，没有人会喜欢自己的人生被他人控制。同时，社会又是个大群体，你在无意间做的一件小事都可能会影响到他人。所以，你要掌握正确的认知能力，你要知道，别人喜欢做什么，产生什么样的结果都是他们自己的事情，与你并没有关系。

研究发现，当人们长期处在“罪责归己”的状态时，人们很容易产生焦虑、不安、内疚、恐慌等负面情绪。如果在这些负面情绪中沉沦，不但会让人失去斗志，还会引发众多身体健康问题。

没有人不犯错误，适当而且合理的自责，能够让人看到自我的不足，让人做出积极的改变，并且能够让人更富有责任感。但是如果超过了某个限度，甚至完全因为别人的错误而自责，就会让自己完全忽视自身的优点，盲目自卑，对生活失去信心。

想要保持积极的心态，你必须改掉喜欢过分自责的心态。

有一次，看电影《红海行动》，其中有一个片段是，在战场上，有一名队员看到队友频频受伤，想要完成解救人质的任务遥不可及，于是沮丧地说道：“都是我做得不好，我根本不应该来参加这次行动……”

这个时候，他的队长却说道：“你要相信你之所以出现在蛟龙队，就证明，你在这里没有错！相信自己……”

听了队长的话，队员瞬间提起了信心。

当某些坏事情发生的时候，不是你的错误就不要往自己的身上揽。即使外界有一些指责的声音，你也要坚信自己，不为之动摇。

著名主持人金星，以“毒舌”出名。在她主持的节目中，她总是能够以犀利的观点、诙谐的语言赢得观众们的喜爱。

然而，风光的背后是无数的辛酸。尤其是随着越来越出名，她的经历更是成为许多人最喜欢抹黑的地方。但是，金星并不畏惧他人异样的眼光，坚持做自己。在主持节目或者当评委的时候，她敢说敢做，话题也以观点取胜。

甚至，她是第一个敢站出来“手撕明星”的主持人，并且她说的话都有事实依据。除了优秀的主持功底，她也是一名优秀的舞蹈家，并且在自己的领域获得了巨大的成功。

不畏惧他人的流言，坚持做自己，才能够真正体会到人生的乐趣。想要做到这一点，最重要的就是你要对自己有信心。当你产生了“都是我的错”这种想法的时候，你要在心里立马告诉自己“你并没有那么糟”，让自己从焦虑不安的消极情绪中脱离出来。然后，再理智地分析问题。如果是自己的责任，就勇于承担；如果不是自己的责任，就不要将责任揽到自己的身上。

还有一个方法，就是顺其自然，为所当为。因为总有一些事情是我们不能够控制的，比如说，别人的情绪变化、生命的逝世等。“罪责归己”的人，喜欢将责任揽在自己的身上，一方面是因为过度的责任心，另一方面却是因为想要讨好别人的心理。

其实，完全不必如此。有时候，你将注意力过度地放在别人身上，只会引起他人的反感。让事情顺其自然地发展，反而能够取得更好的结果。做好自己应该做的事情，就不会一直陷入负面情绪之中了。

Chapter *4*

# 停止讨好，避免被“情绪勒索”

## 清楚辨识“情绪勒索”的样貌

“你要去和男朋友约会，那我们的聚会怎么办？”

“等来了新人你再离职吧，要不然这些工作怎么办？你可不能放着公司不管啊！”

“尽管去玩吧！反正我也已经习惯给你当老妈子了。”

“你能不能先送我回家，这么晚了我一个人走路会害怕。”

……

类似这样的话，我们经常能够听到。每当你想要做一些自己的事情时，总会因为他人的言语而产生罪恶感。然而，等到你委屈自己并满足别人的要求之后，他们却对你的牺牲无动于衷。这种现象，我们称为“情绪勒索”。

王洁结婚两个月了，但是婚后的生活并不如她期待中的幸福。她的老公每天下班回家吃完饭，就什么都不管了，只知道坐在沙发上玩游戏。

每次王洁想要和他聊聊天，他都是一副不耐烦的样子。

有一次，王洁对老公说道：“你下班回家别老是玩游戏嘛，陪我待一会儿，聊聊天……”

一开始，对方还敷衍几声，等王洁说得次数多了，他便不耐烦地放下手机说道：“我工作了一整天，已经很累了。你怎么这么不体贴，你想要说什么就直接说啊！”

听了老公的话，王洁心中很是委屈，只能默默起身去做家务了。

不可否认，不论是作为情绪勒索者还是被勒索者，都不可避免地会被负面情绪围绕。长此以往，这种情况会对我们造成很多不利的影响。你必须认清“情绪勒索”的本质，才能够真正摆脱它，建立一个积极乐观的情绪状态。

首先，你必须正确地认知什么是情绪勒索。

它是由心理治疗学家 Susan Forward 提出来的，是说当一个人无法面对自己的负面情绪时，企图使用威胁、逼迫、利诱等手段来使他人顺从就范的行为模式。简单而言，就是当一个人出现了负面情绪之后，不是想着去解决，而是通过言语、行为让他人和自己一起面对这些负面情绪。

“情绪勒索”经常发生在父母子女、上下级、伴侣、师生、婆媳还有朋友之间，其本质就是通过不当的情绪，以威胁或者利诱的手法放大对方的罪恶感和恐惧感来达到自己的目的。发生者双方往往很难察觉，甚至认为它理所应当。被勒索者，因内心的抗拒会产生各种负面情绪，为了减少不适感，被勒索者会违背自己心中的意愿接受对方的要求。当对方习惯之后，便会形成一个恶性的互动关系。

想要摆脱“情绪勒索”，其实很简单。我们只要明白了它的特征，就能够正确地辨别他人是否在对你进行“情绪勒索”，进而去摆脱它。

“情绪勒索”是通过恐惧、义务和罪恶感这三个方面来实现的。所谓的“恐惧”就是惩罚者利用恐吓的方式逼他人就范；“义务”就是通过“应该”“这是你的责任”等言语来给对方设定框架；“罪恶感”就是受苦者利用苦肉计来引起对方的罪恶感，达到让对方内疚的目的。

具体实现的过程如下：

要求：他人会无视你的感受，非常执着地要求你必须怎么做，甚至为了达到目的，不择手段。

抵抗：当你提出疑问之后，对方没有直接说不。

压力：当你想要拒绝的时候，对方开始想尽办法施压，甚至会让你产生如果不答应就会造成严重后果的错误认知。

威胁：不断地挑战你的安全感，威胁你会失去害怕失去的事物。

顺从：当你顺从了对方之后，对方才会感觉到心满意足。

得寸进尺：当你答应了一个要求之后，就会愈演愈烈，形成恶性循环。

其实，当你面对不开心的事情时，脑海中出现“我拒绝了对方，万一他生气了怎么办?”的念头时，你就已经踏入了情绪勒索者的陷阱中。当然，这时你就成了被勒索的一方。在《情绪勒索》一书中，作者对于“情绪被勒索者”曾经这样说过：“你生活，总是得先处理，应付别人的需求，以至于必须忽略自己的需求与感受。如果你不这么做，对方就会用一些话和一些方式责怪你，让你感觉到挫败或罪恶，甚至觉得自己很糟糕，然后你将深陷在这些情绪中动弹不得，像是被黏在蜘蛛网上的昆虫一样。”

认清“勒索者”的模样，你就会明白，其实拒绝他们并没有什么大不了的。他们只是基于自己内心的恐惧，才会急于向你提出要求，找你分担。你要明白，帮助他人是情分，并不是你的义务。想要拥有一个好的人际关系，更不必委屈自己讨好他人。

正确认识“情绪勒索”，对于被勒索者有很大的帮助。比如说，当你认识到，你的讨好并不能够获得他人的好感时，你就可以拒绝他人无礼的要求。比如说，当你要去和男朋友约会，而朋友却要求你参加聚会时，你不必委屈自己的内心顺从朋友，而是面带微笑地和他们说“我还有事”，然后祝他们玩得开心。

摆脱“情绪勒索”之后，顺从自己的内心做事情，你才能够真正地感受到人生的快乐。当然，如果你出现了“情绪勒索”的状况，更要及时清醒过来，不要被负面情绪控制，正面面对问题，然后找出正确的解决办法。这样，你才不会被“情绪勒索”困扰。

## 为什么我们无法摆脱情绪勒索

情绪勒索的现象，其实我们会经常见到。甚至，我们的一生可能都在经历着情绪勒索。情绪勒索会给我们的生活带来很多负面影响。很多人疑惑，为什么我们总是无法摆脱情绪勒索？

究其根本，就在于人们本身缺乏安全感，与他人形成了“病态的相互依赖关系”。当他人提出请求之后，你的内心是想要拒绝的，但是在拒绝的话还没有出口之前，你的心中会想：“如果我拒绝了他，他会不会不开心？会不会心中对我有意见？”

在这种压力之下，如果提出要求的人进一步施加压力，向你表明：“如果你不帮我，我就会生气。”

作为被勒索者的你因为内心的惧怕，便会在心中进行自我说服：“还是答应他的要求吧。”有一就会有二，从而一再地退让，不断地承载着勒索者的情绪，对他人的情绪负责，慢慢地失去自我。

有时候，人们下意识地认为：只要自己能够满足他人的要求，就能够获得他人的好感。然而，这样的行为只会让别人将你的退让当成是理所应当，然后对你予取予求。你想要通过满足他人的要求来讨好他人，殊不知只会让自己陷入恐惧、担心和伤害等负面情绪之中。

很多时候，情绪勒索的外面往往有着一层名为“爱”的伪装，最经典的就是那句“我这么做都是为了你好”，其本质不过是内心的恐惧和掌控欲。因为他们惧怕心中的某些伤痛或者是某些负面情绪，于是想要借着“别人也是如此”来掩盖住自己不敢面对事实的真相。

研究发现，有四种人容易成为情绪被勒索者。

第一种是争论平息型的人。他们害怕争执，遇到冲突就希望赶紧息事宁人，甚至不惜牺牲自己的利益。他们常常认为自己不应该生气，更不应该惹别人生气，因此遇到事情往往就会退让。

第二种是自责型的人。一旦遇到糟糕的事情，他们往往认为问题是出在自己的身上，于是便会争着抢着背负责任，而且往往滥用同情心，别人一旦提出要求，他们就会毫不犹豫地答应。

第三种是依赖赞同型的人。这种人通常自信心不足，不论做什么事情都认为自己做得不够好，往往需要他人的认可来确认自己的价值。因此，他们对他人的要求更是无法拒绝。

第四种是自我怀疑型的人。他们经常会对自己的能力产生怀疑，并且会不断地贬低自己，无论做什么事情，都需要一个领头羊。对于他人的要求，他们通常会欣喜地接受。

如果你是上面的其中一种人，可能就会将情绪勒索当成是一种理所应当的事情，并且不会产生反抗的情绪。然而，这并不会让你觉得快乐，反而会让你一直处于焦虑、恐慌之中。认清勒索者的模样，你就会发现，他们都是出于自身的目的，即使你拒绝他们的要求，也不必有罪恶感。

在勒索者的眼中，你拒绝他的要求，就等同于拒绝他。他们在做事情的时候，往往只会想到自己。即使遇到坏事情，他们也不会去想“我是否伤害了别人”，而是去推卸责任。因为内心的不安感，他们不断地找理由，合理化自己的行为，将错误推到别人身上。

如果你因此而成为情绪被勒索者，岂不是非常愚蠢？学会摆脱情绪勒索，不再害怕拒绝别人不合理的要求，才能够建立自信，不再被负面情绪困扰。

那么，我们应该怎样去做呢？你要注意四个关键因素：

第一，明确自己的立场；第二，提出你的需求；第三，如果你不能同意他的需求，告诉他，并且表明你的最大接受范围在哪里；第四，提出要求之后，让对方决定是否同意。

同时，在拒绝对方的时候，你可以在心中默默地告诉自己：我一定能够承受住！

因为当你处在勒索者所给予的压力下时，往往会选择屈服。然而，这些压力其实大多来自想象，并不是真实的事物。当你的思绪陷入烦乱中时，不妨暂缓一下身心，冷静下来，理清思路。然后，在心中默默地提醒自己：“我能承受得住失去、冲突、争执等可能发生的事情，也可能这些坏事情并不会发生。”当你这样想之后，便会发现原先的烦恼、担忧不过是庸人自扰，自己完全可以将它们克服。

每当被他人情绪勒索，感到害怕、失去勇气时，你不要屈从于对方，深呼吸几次，对自己说：“我承受得住！”反复几次，为自己打气，便会产生拒绝对方的勇气。

其实，一个人陷入情绪勒索中，与他内心脆弱有很大的关系。因此，想要摆脱情绪勒索，你必须让自己的内心变得强大起来，让自己能够承受更多的坏事情和坏情绪。你可以养成每天写情绪日记的习惯，这样能够更好地观察自己的感受，一旦察觉自己的情绪发生了改变，要及时想办法解决。

情绪勒索并不是坚不可摧的，只要你用对方法，就能够战胜，并且摆脱它。所以，在面对他人无礼的要求时，不要犹豫，更不要去勉强自己，这样你才能够保持稳定的情绪。

## 自我价值感低的人，容易陷入情绪勒索的困境中

“这个策划案客户很急，你怎么能够去和男朋友聚餐呢？留下来加班吧。”

纵然心中不愿意，害怕拒绝会让对方不高兴，依然违背心意答应了下来。当别人提出请求的时候，即使你心中不愿意，为了讨好他人，获得他人的认同感，依然会勉强自己去做。这样的人，通常被称为自我价值感低的人。

相比起正常人，自我价值感低的人，更加容易陷入情绪勒索的困境中。因为他们对自我的认同感低，所以他们对别人对自己的评价往往十分敏感。然而过度在乎他人的感受，长期忽略自己的感受，压抑自己内心的需求，很容易让自己滋生负面情绪，陷入不满、焦虑之中。

苏珊晚上将自己打扮得非常漂亮。她和男朋友被朋友邀请，去参加一个派对。然而，乘兴而来，败兴而归。

在舞会上，有一个女孩邀请男朋友跳舞，这其实是一件很正常的事情，但是苏珊的心中就是不乐意。

于是，她对男朋友说道：“你是我的男朋友，不和别的女孩跳舞可以吗?”

然而，男朋友却说道：“乖，不要任性，这只是朋友之间的正常交往而已。”

旁边的人也劝道：“别在意，女孩子不能这么小气。”

对此，苏珊只能对男朋友说道：“好吧，希望你能够玩得开心。”

然而，等到男朋友跳舞去了，只剩苏珊一个人的时候，生气和“可能会失去男朋友”的担忧完全侵占了她的思绪，甚至之后的好几天她的心情都非常低落。

研究发现，自我价值感低的人，因为内心不自信，所以迫切希望通过某件事情获得他人的认同。因此，他们往往非常在意别人的看法和评价。比如说，在工作的时候，他们总是希望得到上司的肯定；在学习的时候，他们希望获得老师的赞赏；与朋友交往时，他们希望得到朋友们的喜欢……

一旦他们获得了负面评价，就很容易陷入自我价值感低的处境中，并且不断地检讨自己哪里做得不好。很多时候，自我价值感低的人的思想和行为会受到他人的影响。在他们的认知中，只要答应别人的请求，就能够获得他人的好感，因此他们不断地违背自己内心真正的意愿。

然而，将自我价值感寄托在别人身上，你的情绪便会失去控制。有时候你越是善解人意，越没有人会在意你的感受。你越降低自己的价值感，越容易受到情绪勒索，受到伤害。

由此可见，自我价值感低在很多时候会让人陷入情绪勒索中。如果我们想要摆脱情绪勒索，就要摆正自己的心态，提高自我价值感，不受他人的影响，保持稳定的情绪。当然，除了不自信之外，对自己的错误认知也会导致人们自我价值感低。

有的人，成功一次之后可能就会将这次成功当作是自己应该要达到的标准，甚至更高。一旦达不到，他们就会对自我产生怀疑，甚至不断地降低自我价值感，以期再次获得成功的满足感，减轻自己的焦虑和不安。甚至，为了获得这种成就感或者是证明自己的能力，他们会毫不犹豫地接受他人的请求。

然而，一次成功可能只是偶然，我们可以将其当成自己奋斗的目标，但是并不能将其当作常态，然后对自己的价值感和能力产生误解。这样，不论你是成功还是失败了，都能够以良好的心态面对。即使失败了，也能够保持良好的心态，分析失败的原因，汲取教训，让失败成为你人生路上的踏脚石。

当然，还有一些完美主义的人，因为过高的标准，总是会陷入情绪勒索中。比如说，对于追求完美的人，别人遇到事情会对他说："这份工作太难了，你这么厉害，不介意帮我们一下吧！"然而，一旦没有完成超出自我能力的事情，他们便会产生深深的负疚感，陷入自责之中。

拥有正确的自我价值观，才能够对自己的能力有一个正确的认知，欣赏自己的同时，正视自己的不足，改正并提升自己。

有一次，肯尼迪被邀请访问美国宇航局太空中心。正在参观的时候，肯尼迪看到了一个正在打扫的清洁工。

为了自身的形象，他上前关心地慰问："这位老师傅，你这是在打扫卫生吗？"

肯尼迪想象中的激动画面并没有出现，老人头也不抬地回答道："不是，我正在帮助一个人前往月球。"

很多时候，自我价值感低的人喜欢苛责自己。没有谁会喜欢生活在指责之中，不断地苛责自己只会给自己造成很大的压力，从而使自己负面情绪不断，对人生失去信心。那么，我们该如何去提高自我价值感呢？

首先，你要正确认知自己的存在对于自己或者他人的价值。每个人都是有价值的，只有不断提升自我的认知，遇到事情才能够给予正面的评价。

其次，要正视自己的失败，积极改正不足。在失败的时候，不要选择逃避，正视它并且从中汲取经验，然后发现自己的优点，接纳不完美的自己。唯有如此，人生的路才能够走得更加圆满。

最后，树立一个良好的态度。我们常说"态度决定一切"，建立一个良好的态度，是一个好的开端。用积极、健康的心态，坦然面对一切，你就能够从中找到正确的自我价值，不会再去随意贬低自己。

不管发生了什么事情，都不要自我贬低。提高自我价值感，能够在很大程度上让你敢于去拒绝他人的情感勒索，帮助你建立一个积极稳定的情绪。

## 小心翼翼，是失去自尊的第一步

小心翼翼，很多时候是用来形容一个人的言行举止十分谨慎，丝毫不敢疏忽大意。我们常说：“小心驶得万年船。”但是，当把它应用在与人相处或者是情绪方面时，它往往有着消极的意义。

张丽和男朋友谈了两年的异地恋，因为不能够经常见面，张丽时常没有安全感。所以，在和男朋友相处的时候，张丽一直小心翼翼的。

为了让男朋友放心，她一有时间就会和对方视频，就算和朋友出去玩，也会主动报告行踪。

然而，她男朋友的活动比较多，不能够时时给张丽回应。尤其是，当恋爱的时间长了之后，劳累之余，男朋友原本觉得甜蜜的语音轰炸也慢慢地变成了厌烦。终于有一天，他向张丽提出了分手。

张丽不能接受，很是委屈地说道：“我到底做错了什么？你和我说，我改还不行吗？”并且，张丽和男朋友道了歉。

从这以后，张丽再也不会那么频繁地和男朋友视频了，只是偶尔发个语音。张丽觉得生活一点儿都不开心，两个人的感情好像也变淡了。

在人际交往中，尤其是两个人恋爱或者是结婚之后，为了获得对方更多的喜欢，很多人行事都会变得小心翼翼。然而，这样不仅会给他人制造压力，还会使自己处于一个比他人低的位置上。处在不平等位置上的交往，很难接触到美好的果实。一方小心翼翼地讨好，另一方不论是战战兢兢还是理所当然地接受，都容易产生矛盾。

没有人喜欢在与人交往的时候，失去自尊。尤其是，这样的相处很容易让人们陷入情绪勒索中。一段健康的人际关系，是建立在两个人平等地互动中的。

如果你在这段关系中变得小心翼翼，甚至因为害怕和对方起冲突而一再地妥协，时间长了之后，对方就会变得理所应当地索取。一旦两人之间发生了什么不愉快，你第一时间就是觉得自己很糟糕，然后不断地苛责自己，反省自己究竟哪里做错了。

于是，你们之间的互动关系就会变成，你时时刻刻照顾对方的感受，而对方却不在乎你的感受。一旦你产生了拒绝对方的想法，就会深陷罪恶感之中。你越是在乎对方的感受，越会变得小心翼翼。于是，你就会慢慢地失去了自尊和自我价值。

很多时候，当一个人失去了自尊之后，对于很多事情就会抱着消极的态度。你会无法正视自己，会不由自主地否定自己已经取得的成就，并且在心中认为自己并不如他人。当自我打击和自我怀疑每天周而复始地上演，形成恶性循环，就会不断地侵蚀你对生活的乐趣和斗志，使你丧失追求美好事物的勇气和信心。

所以说，在人际关系中，我们不必维持一个小心翼翼的态度。把握一个正确的尺度，才能够让双方都感到舒服。

附近新开了一家理发店，装修十分“高大上”。

有一天，李芸感觉自己的头发有些长了，于是决定休息的时候去这家理发店做一个发型。周六，李芸刚走进理发店，就受到了热情的招待。

负责给李芸剪头发的理发师，礼貌中带着几分小心翼翼，洗头发的时候一会儿问温度还合适吗，一会儿问力度还合适吗。当发现李芸的脸色有些难看的时候，他又关心地问道：“你看起来很不开心，是发生了什么事情吗?”

这种小心翼翼地讨好，并没有给李芸带来更好的服务体验。李芸心中决定，以后再也不会来这家店了。

人与人之间相处的时候产生小摩擦是很正常的，可能是朋友之间的小脾气，也可能是同事之间的小分歧，或者是上司对你的小批评……但没有人会因为你的一个小错误而和你绝交。所以，在与他人相处的时候，你完全不必将自己置于比他人矮一等，一直小心翼翼的状态之中。

不论什么样的感情都需要经营，更需要惺惺相惜。彼此付出、给予才是人生常态。我们何必去委屈自己，然后又让别人为难呢?

有些事情，并不是你小心翼翼就能够改变的。因此，我们为什么不改变自己看待事情的思维呢？你要明白，没有什么能够比自己更重要。保持一个稳定的情绪，相比起小心翼翼地讨好他人更容易获得他人的好感和友谊。

## 过分取悦别人，是一种心理疾病

赞赏别人，是一件会让人心情愉悦的事情，不仅肯定了对方的努力和成就，还能够快速拉近彼此的关系。但是，如果超过了一定的限度，就会变成刻意取悦别人，不但会让自己和被赞美的一方陷入尴尬之中，还会引来他人的嘲笑。

茜茜是一位很厉害的舞蹈老师，经常会被邀请参加一些重大的音乐表演会。后来，她开了一家舞蹈工作室，和她学舞蹈的学生，都会加茜茜的微信。

最近一段时间，学生们发现了一件很有意思的事情。

每当茜茜老师在微信朋友圈里更新了状态后，有一个学生便会点赞留言。如果茜茜老师发了一张表演的照片，这个学生就会留言说："老师，您真是太厉害了！"如果茜茜老师发表了一些比较有生活气息的照片，如在家做菜的照片，她又评论："看起来真是太好吃了，真想尝尝老师的手艺。"

尽管茜茜老师并不会回复她的评论或者是给她的朋友圈状态点赞，她依然坚持了很久，伪装出一种和老师很熟的模样。然而，这种刻意讨好的模样，反而引起了其他学生的不适和嘲笑。

有时候，总会有一些人出于某种目的而赞赏他人，并且，不吝啬各种优美的词汇强加在别人身上。当你把取悦别人当作是一条成功的捷径时，往往很难达到自己的目的。甚至，在这个过程中，你会暴露自己更多的不足和功利心，引起他人的反感。

在与人交往的时候，不去刻意讨好他人，即使是赞美他人，也要适度，并且要让对方感受到你的真诚。

当然，还有一种人，喜欢做取悦他人的事情，这种人就是人们眼里的老好人。很多人羡慕老好人的好人缘，然而，很多时候，他们生活得并不快乐。对他人友善，是一件好事情，但是如果超过了一定的限度，就会变成自己的灾难。

什么样的人才会被定义为老好人？就是那些经常帮助别人，对别人的请求有求必应，热心肠的人；处处替他人着想，想尽办法让别人开心，善解人意的人；遇到冲突主动退让，从来不会反对别人的意见，与人为善的人；别人有了困难，毫不犹豫地帮忙，即使会损害自己的利益，也在所不惜的人……

然而，过度友善，并不是一个值得让人赞美的性格，而是一种病理状态，心理学家将其命名为“看管人性格紊乱”或者是“取悦病”。美国心理学家巴巴内尔曾经说过：“极端无私是一种掩盖一系列心理和情感问题的性格特征。”

世界上没有完美的人，同样也没有极端无私奉献的人。这一切的行为只是因为他们内心极度缺乏安全感，希望通过不断地帮助他人来获得认可。他们友善无私的背后通常伴随着孤立、空虚、痛苦、焦虑等负面情绪。

在人际交往中，过度地取悦他人，不仅会给他人造成负担，也从侧面反映了你的内心不够强大的事实。因此，你才会希望通过外界对自己的接纳和肯定，来支撑自己的价值体系，为自己增强信心。

然而，长期将自己置于讨好者的位置上，很容易陷入取悦他人的泥沼中，渐渐地便会以他人的意志为行为准则，迷失自我。长期过度地对人友善，忽略自身的感受，会让你付出高昂的代价，这无疑是一件十分伤害己身的事情。

有人曾经说过："如果某人太顺从，不能为自己挺身而出，没有自己的声音，那就容易受人欺负。"因为一旦你讨好的对象表现出一点儿不满，你就有可能陷入恐慌之中。

所以，在人际交往中，学会正确处理彼此的关系，非常重要。尤其是，要远离老好人的形象。阿布斯说过："想要改变这种长期以来的行为习惯，需要'痛苦的努力'，需要更多了解自己的恐惧和担忧。"

想要克服过度取悦的心理，首先你就要学会正视自己的不足。同时，要大胆地学会为自己说话。比如，当你想要做一件事情而没有勇气的时候，你可以在心中说"我想……""我要……",并且勾勒出这件事情成功之后能够给你带来的满足感和喜悦感，这样你就不会失去努力做自我的勇气。

很多人都会下意识地去和别人比较。一旦对方取得的成就超过自己，就会陷入焦虑之中。嫉妒甚至会驱使你做出一些不理智的行为，比如说刻意地取悦对方，以期获得帮助。

如果你也想要获得成功，不妨为自己选定一个合适的目标，然后给自己一个正确的定位。当你对自己有了正确、客观的认识，你就会将对自己的信任延伸到他人身上，以一颗宽容的心对待他人，为各种关系打下坚实的基础。

平等和尊重是一个健康人际关系的基础，你的能力越来越强大之后，你就会发现，自己在不知不觉中改掉了讨好他人的坏习惯。

# 学会拒绝，心情舒畅多了

有时候，很多人都不好意思去拒绝别人的请求，并且认为“不”是最难说出口的一个字。然而，你碍于面子不好意思拒绝他人，勉强自己去做不喜欢的事情，只会让自己不断地产生负面情绪。

当然，这并不是让你冷漠地拒他人于千里之外，而是让你根据自己的意愿和能力有选择地帮助他人。学会拒绝他人不合理的请求，不勉强自己去做自己不喜欢的事情，心情就会变得舒畅，你就能够享受更多人生的美好。

周慧最近接手了一个新客户，工作非常忙。这天，有一个很久没联系的同学找到她，想要请她帮忙做一个参加演讲比赛的幻灯片。

周慧本来想拒绝，然而同学说道：“这次演讲对我很重要，看在这么多年同学的情分上，你就帮帮我吧。”

碍于面子，周慧只得答应下来。根据同学给的主题，她花费了大量的时间去查询资料，构思了幻灯片的主框架，每一句都斟酌着写。几乎熬了三个通宵，她才将这个幻灯片搞定。

等到她发给同学之后，同学道了谢之后又说道：“我还以为你忘了呢，后天可就要演讲了。”

听到同学话中有点儿怪她太慢的意思，周慧有些不高兴，但是也没往心里去。结果，不久之后，周慧就在同学中听到一些闲言碎语。原来是那个同学在说周慧的坏话：“她不想帮忙可以直说，磨蹭了三天才给我幻灯片，结果害得我根本没有时间准备，下次再也不找她帮忙了。”

周慧听到同学这样的评价，既生气又委屈，自己浪费时间和精力去帮对方，竟然还被埋怨一通。

随着社会的发展，有时候不会拒绝别人反而会给我们自己的生活造成麻烦。比如说，朋友向你借钱，但是你的存款不多，并不想借给他；朋友邀请你参加饭局，可是你劳累了一天只想早早回家休息；同事向你请求帮助，但是你积攒了一堆工作……

面对这种小请求，或者那些超出自己能力的请求，答应了，为难的是自己，不答应，又不知道该怎么拒绝对方。因为拒绝了对方，你的心中便会产生一种内疚、亏欠对方的感觉，还会担心对方认为你不够朋友。

毕达哥拉斯曾说：“最短、最老的字——‘好’或‘不’——需要最慎重地考虑。”很多被情绪勒索的人，不喜欢或者是害怕拒绝他人的请求，就是因为他们认为，如果拒绝了对方，就会得罪对方。

“拒绝”本身就是一件让人生气的事情，这是你违背对方心意的表现。在人际交往中，我们因为立场、能力、权力、资源、时间、心情等原因，不可能事事都能依照别人的期望与要求来做。如果事事答应他人，只会让自己陷入负面情绪的旋涡之中。

卓别林曾经说过：“学会说‘不’吧，那样你的人生将会好得多。”你并不是万能的，每个人都有自己力所不能及的事情。顺从自己的内心意愿，拒绝别人，就能够摆脱压抑、焦虑等负面情绪。

当然，我们不能直接拒绝别人，那样会伤害到对方的面子，并且伤害彼此的感情。学会得体地、委婉地拒绝别人，不但不会让对方不愉快，还有助于使你保持稳定的情绪。

有一位著名的女舞蹈家在看过语言大师萧伯纳的文学作品后，被他的才华折服。在一次舞会上，女舞蹈家对萧伯纳说：“亲爱的萧伯纳先生，如果我们俩能够结婚，对我们的后代来说是一件非常好的事情。你想想看，将来我们生的孩子拥有你那样的智慧和我这样的外貌，该是多么完美啊!”

萧伯纳笑了笑说：“可是你要知道，一切皆有可能，万一那个孩子有我这样的容貌和你那样的智慧，那可是非常糟糕的事情!”

这个女舞蹈家听了之后，知道萧伯纳拒绝了自己，就悻悻地走开了。但从那以后，她更加尊敬萧伯纳，最后成了他的忠实书迷。

拒绝别人，其实并不是一件困难的事情。真正的朋友，并不会因为你的一次拒绝就和你反目。只要你学会拒绝的技巧，就能够在不伤害对方面子的情况下，得体地拒绝对方。下面，我们来看几个比较实用的拒绝小技巧：

（1）在拒绝对方的时候，先给予尊重。

有时候，在拒绝别人时，让人不舒服的并不是拒绝行为本身，而是你拒绝时的态度和所用的语言。只有尊重对方，对于你的拒绝，对方才会表示理解。

（2）衡量双方的关系，把握尺度。

每一个人的心中对于与自己关系不同的人，都有着比较精确的距离感。在拒绝他人的时候，要根据亲疏远近的不同，准确地使用语言，把握好尺度，要做到既不过分亲密，又不过分疏远。

（3）拒绝的时候，清晰地说明自己的原因。

拒绝别人的时候，最忌讳模棱两可。如果不给对方一个拒绝的理由，那么对方会因为你无缘无故的拒绝而认为你这个人不可交。所以，不论是因为什么拒绝对方，你都要清楚地告诉他。

（4）拒绝的时候，从赞美对方的优点出发。

每个人都喜欢听好话，希望别人认同自己。所以在拒绝别人的时候，不妨找出对方的优点，先承认自己不如对方，然后再说明不能答应对方的请求。

当你为了别人的请求而烦恼的时候，不要犹豫，得体地拒绝对方，将自己从负面情绪中解救出来。我们可以多学习一些语言技巧，坚定地对一些不合理的要求说“不”。一段时间之后，你就会发现“不”并没有你想象中那么难以说出口，而且你的情绪也会越来越趋向于稳定。

## 建立情绪边界的重要性

情绪边界，简单来说就像是一条虚拟的线，将你的情绪和他人的隔离开。当你责怪、埋怨他人或者是向他人提建议时，情绪边界会对你的情绪起到约束作用。当然，你也不会因为过度在意别人的评价或者是因为他人的负面情绪和问题而感到内疚。

知乎大V剑圣喵大师曾经讲过这样一个故事：

有一个作者，新书刚上市的时候，被人恶意刷分，结果导致这本书的评分成了豆瓣书籍里的最低分。而且，这个作者在密集的网络暴力的围攻下，精神受到了严重打击。

喵大师在了解了事情的经过之后，发现这件事情发生的根本原因就是这位作者对于自身的情绪边界缺乏认知。这导致这位作者陷入了愤怒、骄傲等情绪失控的局面中。

作者的这本书刚上市的时候，本来评分很高。但是一个比较有影响力的豆友不喜欢这本书，在书的下面发表了一个差评，并且还改了书的简介和封面。这引起了别的豆友的关注，评分也开始一路下降。

作者很生气，于是将一些攻击他的言论截图下来，并且挂到了另外一个他很有影响力的平台上，引发了粉丝之间的骂战。后来，作者亲自下场，和另一名豆友进行对骂，并且流露出了很强的骄傲情绪。他的话的大意就是：“失败的垃圾掀不起什么风浪，让我三十万的粉丝来嘲笑一下你愚蠢的评论和你的账号，这是我非常乐意看到的。”

这一番言论，引起了众多网友的反感，最终导致了书的评分到了最低。

如果你的情绪边界比较薄弱，很多时候就会做出冲动和不理智的选择。尤其是情绪比较激烈的时候，如果不能够正确认知自己的情绪边界，最后只会激发矛盾。

那些十分容易受到他人影响的人的情绪往往十分不稳定，一点儿小事就能够引发他们的焦虑、害怕或者是恐慌等负面情绪。对于任何人来说，拥有健康的情绪边界都非常重要。

想要建立一个健康的情绪边界，拥有乐观积极的情绪，最重要的就是要明确自己的内部边界，即了解自己的感受，将自己和他人的责任区别开。

所谓的内部边界，其实就是调节你和自己的关系，提高自己对时间、想法、情感和行为的自我约束与健康管理能力。比如说，当你想要做一件事情的时候，却一直在别的事情上浪费时间，就会导致缺乏休息和娱乐的时间。这个时候，你就会忽视自身的内部边界，会产生更多的消极情绪。

当你明确了内部边界之后，不但可以强大自己的内心，增强自我约束和坚持自我承诺的能力，还能在遭遇负面情绪时快速地完成自我调节。强大的内部边界，能够帮助你不在他人的情绪中纠结。同时，帮助你学会为自己考虑，理智、冷静地接受他人的意见和批评。

当你有了足够的力量之后，就可以设立外部情绪边界了。在人际交往中，明确情绪边界，能够让你远离情绪勒索。其中的关键就在于停止对话、察看情绪、拟定因应策略。

停止对话，可以用来应对情绪勒索。情绪勒索者在向你提出要求时，往往会伴随着一些个人情绪和声音，这会给你带来很大的压力，并且会让你感到焦虑。在这股压力的驱使下，你就会答应对方提出的要求。甚至形成习惯，让对方更加得寸进尺。然而，对方的要求可能会超出你的能力范围，或者给你带来更多的负面情绪。其实，在这个过程中，对方施加于你的压力让你没有办法客观判断，并且会给你造成一种错觉，让你觉得这件事情非常紧急，如果你不答应，就会给对方造成很大的伤害。然而，其实事情根本没有那么紧急，也没有那么严重。

这个时候，为了防止自己继续沉浸在对方制造的压力中，你可以停止和对方的谈话，然后找一个理由暂时离开谈话的场景，从对方给予的压力中脱离之后，你就可以冷静地进行思考。

察看情绪，就是说，当你离开场景之后，不妨做几个深呼吸，将自己的情绪慢慢平息下来。这样你才能够真正地观察自己对于对方提出的请求究竟抱有何种态度。如果你的心中对于这个请求抱着排斥的态度，那么接纳自己的情绪，不要勉强自己，坚定且委婉地拒绝对方。

如此反复一段时间之后你就会发现，你的情绪边界越来越清晰，情绪也越来越难以受到他人的影响。

当然，如果你陷入了对方给予的压力之中，也并不是毫无办法。拟定因应策略可以帮助你更加明确自己的情绪边界。比如说，你是一个犹豫不决，并且不喜欢起冲突、无法拒绝别人的人，你可以给自己设定一个小目标，从“我一定做得到的事情”开始练习，然后在一个又一个的小目标完成之后，不知不觉中你就能够将自己和他人的责任区分开，明白他人的责任并不是你的义务。

总而言之，我们要建立一个健康、稳定的情绪边界，面对激烈的情绪时，不是选择去发泄，而是选择去思考。情绪边界能够帮助我们摆脱他人的情绪勒索。所以，我们要尽自己的努力，明确自己的情绪边界。

## 练习重视自己的感受

很多被情绪勒索的人，往往都不重视甚至忽略自己的感受。这样会让自己在人际交往中处于不利的地位，让自己一再做出让步。学会重视自己的感受，并不会给人留下自私的印象。相反，重视自己才能够学会重视别人，并且赢得他人的重视和尊重。

冯玲一直是父母眼中的好孩子，老师眼中的好学生，老板眼中的好员工，朋友眼中的好伙伴……对于别人的要求，她很少会说“不”。

但是，没有人知道，其实冯玲一直过得不开心。尤其岁数越来越大之后，父母不断地催促冯玲谈恋爱结婚。然而，冯玲觉得自己的事业正在上升期，她还不想稳定下来。

有一次，冯玲的妈妈再次对冯玲说起结婚的话题：“到了你现在这个年纪，成家才是唯一的出路，你怎么就不理解我和你爸爸的苦心呢？你一直这样，让我可怎么放心啊？”

说着，冯玲的妈妈便哭了起来，冯玲看着妈妈，心中也很是不好受。

在这之后，冯玲的父母经常在她面前长吁短叹。为了让父母放心，冯玲只能忍耐着心中的不高兴，勉强和父母亲戚安排的对象相亲。

后来，一直相亲失败的她甚至在生活中也陷入了焦虑之中："我可能真的没有魅力，如果真的找不到男朋友，我的人生还有什么意义？"

有的人为了获得他人的认可或者是不想发生冲突而不断压抑自己内心真正的想法，会去勉强自己做一些不喜欢的事情。然而，越是不重视自己内心的感受，别人越会得寸进尺。甚至，他们会对你进行情绪勒索，完全忽略你的感受，让你完全按照他们的想法去做事。一旦你产生反抗的想法，他们就会对你进行道德绑架，不断地向你施加压力，直到你完全屈服。

然而，长期忽略自身的感受，你的自我就会变得越来越小，他人的想法和感受在你的心中就会变得越来越重要，直至最后失衡，你会迷失了自我，成为他人的傀儡或者附庸。

没有自我的生活，还有什么意义呢？你畏惧关系瓦解，害怕尝试突破自我，你的能力就会一直得不到提高，内心也会一直处在脆弱的困境之中。并且你会给自己这样的一个认知：只要你表露出了一点儿负面情绪，你与他人的关系就会破裂，甚至无法修复。因此你一再退让，最终会形成一个恶性循环。

心理学家曾说："'好人'通常比较容易产生抑郁情绪，因为他们不太会攻击别人。他们的负面情绪无法释放，往往会转向攻击自己。"

当你的负面情绪积累得越来越多时，你无处宣泄，就只能转变成对自己的厌恶。你会认为自己一无是处，并且只能够依赖别人。当你自身的正能量无法再去抵消各种负能量时，你的生命就会变得灰暗，生命力也会慢慢被吞噬。

《生活大爆炸》里面的 Leonard 在母校演讲的时候曾经说过："或许你格格不入，或许你是最矮小的、最胖的、最古怪的，或许你即将毕业，但初吻还在，或许你没任何朋友，但这根本无所谓，所有这些都不能阻止你成为有趣的人。把自己的人生过得精彩，生活不为取悦别人。"

生命只有一次，为自己而活比想尽办法讨别人欢心重要得多。当你觉得自己是重要的，足够重视自己的感受时，才能被他人认真对待并被尊重。

本尼迪克特·康伯巴奇是一位世界著名的演员，他主演的《神探夏洛克》受到了全球观众的喜爱。

然而，在成名之前，本尼迪克特在戏剧界和电影界默默无名，蛰伏了十年。而且，他的父母并不赞同他成为一名演员。他甚至因为父母的反对差点儿与演员这一职业失之交臂。

在一次采访中，他曾经说过："我的父母也是演员，他们的生活经常游移不定。所以，他们希望我能够更好地享受人生……我却以有点儿忘恩负义的方式回报他们，我成了一个演员。"

在刚毕业的时候，他为了一个工作机会，足足等待了六个月，并且被人指着脸说"有着比名字还奇怪的脸的二流演员"。

他并没有因为父母的反对和别人的指责而放弃自己的梦想，去改变自己。他认为"与众不同就是自己最大的特色"，并且，最终凭借着独特的气质获得了夏洛克的角色。

记者曾经问他：“你学会如何面对你人生中不同的声音了吗？”

本尼迪克特回答道：“不必去在意它，继续你的生活。我只想一直做自己，不管什么时候，你都不可能让所有人满意。”

没错，你不可能让所有人都满意。不论你做得多好，总会有不同的声音来挑剔、指责你。既然如此，我们为什么不去学会爱自己，重视自己的感受呢？有时候，一味地付出，无休无止地忍让，并不能够获得对方的尊重。这既践踏了自己的尊严，也是对他人不负责任的表现。

当你毫无底线地承担不属于自己的责任的时候，在无形之中，就会降低你在别人心中的地位。所以，当别人无休止地向你寻求帮忙时，你可以在心中自问一下：这个请求会不会让你觉得不舒服？

学会重视自己的感受，往往你就能够知道自己真正想要的是什么，也能够真正地活出自己的精彩。对于他人的评价和意见，你可以选择听取对自己有利的，但是不能将它作为唯一的标准。尤其是，不能够因为他人的评价而去攻击自己。

你要学会勇敢、正面地去面对别人恶意的评价，拒绝他人过分的期待，远离对方的情绪勒索，做真正的自己。这样你就能够保持一个积极乐观的情绪状态。

# 努力做一个有主见的人

我们每个人都有自己的想法。有的人能够坚持自己的想法，有的人却经常会因为别人的意见而改变自己的想法。对于后者，我们称为“没有主见的人”。很多时候，容易受到他人影响的人，情绪往往也会不稳定。

所以，学会做一个有主见的人，不仅能够帮助你稳定情绪，而且也是对自己和他人负责的一种表现。

胡适先生的夫人江冬秀是一位很有主见的女人，她遇事决断，非常有魄力。

有一次，有一名教授爱上了一名作家，想要同他的妻子离婚。教授的妻子性格忠厚懦弱，对此无力抗拒。江冬秀女士认为这件事情对于女方而言非常不公平，于是为她打抱不平。她将教授的妻子接到自己的家中，为她助威壮胆，并且给她出谋划策。

当事情闹到要打官司的时候，江女士还亲自到法庭为教授的妻子辩护。她按照法官的要求，条理清晰、有理有据地指出了教授的过错，并且细数教授的妻子是如何勤俭持家，如何照顾丈夫孩子的，最终帮助教授的妻子赢得了官司。

江女士在生活中面对大文学家胡适先生依然不落下风。她掌控着自己的人生，不仅将自己的家庭打理得井井有条，还活出了自己的风采。

有一些人总是会因为外界的各种因素而不断改变自己的想法。但是，在很多时候，容易被他人的想法左右的人，往往很难取得成功。每个人都可以拥有自己的想法，这是让你变得独特的关键所在。

如果总是因为他人的想法而改变自己，活在别人的期望之中，那人生还会有什么乐趣呢?

很多人在小的时候都被父母或者老师教育“你要听话，做一个乖孩子”。在他们的认知中，墨守成规是乖巧听话的表现，而有主见则被视为叛逆。长期处在这种环境中，人们形成了惯性思维，习惯了通过改变自己取悦别人。长此以往，人们就会失去探索自己的勇气，并且陷入这种可怕的恶性循环之中。

蔡康永曾经说过：“如果什么事情都指望着自己去符合别人的期望，终究有一天会感到很吃力，我们应该为自己活一次。”

有主见的人，对于事情有着自己的判断和定力，并且能够选择正确的一面。就像是随着网络的发展，愈演愈烈的网络暴力事件。人们在崇尚言论自由的时候，没有主见，随波逐流，肆意发泄自己的情绪，都会给别人造成巨大的伤害。

在许多网络事件中，受伤害的明明是当事人，但是人们在不明确真相的情况下，就根据网上出现的言论对当事人不断地进行猜想、攻击。等到真相大白之后，人们又毫无主见地改变自己的言论。

斯特恩曾经说过：“一盎司自己的智慧抵得上一吨别人的智慧。”有主见的人不仅自己做事情的时候条理清晰，而且在关键时刻能够给出靠谱的建议。这无疑能够让他们在人际交往中占据重要的位置。所以，不管是从自己身心健康的角度还是自身发展的角度而言，做一个有主见的人，都是一件有百利而无一害的事情。

有主见不仅仅是 种能力，更是一种人生的态度。有人曾经这样评价王菲：“能够做自己，又能够与这个世界和平相处。所以说，做自己是很多人都期望的一种生活状态。”

发微信朋友圈刚盛行的时候，人们最喜欢看的和转发的就是那些自带正能量的鸡汤文。一些浅显、吸引人眼球的标题更是能够带来大量的流量。因此，写文章的人更不会花心思去写深刻、发人深省的文章了。

人们也不喜欢去思考，更喜欢去读思想比较浅的文章。但是越是浅层次的阅读，人们就越容易失去自己的思想，对各种观点照单全收，变得随波逐流。

做一个有思想、有主见的思考者，学会怀疑，最关键的一点就是要学会独立思考。

很多时候，独立去思考一件事情，能够更好地培养你的逻辑思维。学会听从自己内心的声音，然后根据自己的意愿去做决定。决定了的事情，就坚持到底。不要因为他人的评价就随意改变自己的决定。遇到不想回答的问题，可以微笑以对。如果有人向你提出请求，一定要明确对方的目的。

当然，这并不意味着你可以完全不听取别人的意见，一意孤行。那样，只会让你成为孤家寡人。陷入孤独之中的人，很容易被负面情绪攻陷。在生活中，你不需要委屈自己去讨好别人，但在有主见的同时，也要听取对自己有利的意见。

认真、正确地听取他人的意见，能够帮助你更全面地掌握信息，让你更深入地分析问题，做出有利的决策。但是，过多地听取他人的意见，往往会让自己思维混乱。所以，对于别人的意见，你要有选择地听取。但当你认准了一个目标，并且决心要实现的时候，就不要犹豫，坚持自己的想法，才能够取得成功。

努力成为一个有主见的人，成为自己人生的主人，你的情绪才不会轻易受到外界的影响，情绪勒索也不会再困扰你。所以，为了保持一个积极乐观的情绪状态，遇到事情你不妨学着自己做主吧。

# Chapter 5

# 察觉你内在的负面情绪

# 为什么我们那么容易被愤怒控制

相信我们经常会看到有人因为琐事而争吵。走在街上，被人踩了一下，于是生气地和对方吵了起来；买的衣服有质量问题，不给退货，于是和售货员大声理论；开车的时候，发现有人超车，生气之下撞了上去……

不知道从什么时候开始，人们的情绪变得越来越糟糕，为了一点儿小事就会发怒，动辄大打出手，造成严重的后果。

“重庆公交车坠江事件”发生之后，很快在网络上引起了众多网友的关注。等到公交车的车载行车记录仪和 SD 卡恢复成功之后，人们发现导致这一悲惨事件发生的原因，仅仅是两个人的争吵。

根据调查发现，事情的起因是，一名乘客坐过站，要求司机停车。但是，司机并未应允。乘客激动之下，开始用手厮打司机，迫使其停车。司机与乘客在激烈争执之下，开始互殴。

结果司机没有看到对面行驶而来的小轿车，与之相撞，失控坠江，导致公交车上所有的乘客都死亡了。

其实，这样的事情并不少见。因为一点儿小事生气，最终造成严重的后果，得不偿失。研究发现，经常处于愤怒状态的人，生活也不会快乐。

当生气、发怒的时候，很多人发现自己会出现心跳加快、血压上升、脸色涨红等现象，而且会随着时间增加，越来越严重。最后，他们会失去理智，做出让自己后悔的行为。

但是，人们为什么会经常生气、愤怒呢？一位研究愤怒心理的博士曾经说过："愤怒是一种情绪状态，有从轻度刺激到强烈的愤怒的不同程度。"

这就是说，当人们愤怒的时候，大脑中一个叫作"杏仁核"的区域，会立刻释放肾上腺素，然后引起体内的变化，比如说心率加快和血压上升，以及感觉到大脑一片空白。这就是因为人的体内有一套应急系统，人们称之为情绪反应。人们在受到刺激之后，就会产生愤怒这种相应的情绪。

导致人们愤怒的原因有很多种，比如说，你的利益受到损害、希望的事情没有达成、别人的成就比你高、你被别人忽略、你认为自己被别人冒犯等。

从根本上而言，人们的愤怒往往是建立在失望或者是自卑的基础上的。你越是期待某件事情，当它失败的时候，你的心理落差就会越大。当你羡慕别人或者是信心不足的时候，就会对他人的成就产生嫉妒，会对自己产生失望感。长时间被这些负面情绪困扰，你很难取得进步，于是，你会感到愤恨，即使是一件小事都能够让你愤怒。

除了个人原因，很多人都将引发自己愤怒的原因归咎于环境之上。比如说，当周围的环境给予你过多的压力时，你会焦虑、紧张、愤怒。

然而，如果你经常因为一些小事愤怒、发脾气，则会对你的人生产生很多负面影响。

有一对小夫妻刚结婚没多久，丈夫脾气不好，经常会因为一些小事情生气。比如说，妻子做的菜太咸了；家里的卫生没有打扫好，沙发上有一根长头发；衣服晾干后没有熨烫，他穿的时候都是褶皱……

刚开始，妻子能忍的就忍了，可是他变本加厉，不知悔改。时间长了，妻子便认为对方是没事找事，于是吵架成了二人的家常便饭。

后来，妻子实在无法忍受对方经常发怒，只好经常回娘家，每次都在娘家待很长时间。这样一来更加激怒了丈夫，所以她只要一回家，丈夫就对她呼来喝去。结果不到半年，这段婚姻就走到了尽头。

当你的情绪被愤怒主宰的时候，原本的一件小事情也会愈演愈大。也许经过发泄，你的心情变好了。但是，你的怒气会伤害别人，甚至会让你的人际关系变差。比如说，你在工作的时候，因为犯了错误受到老板的批评，你心中不服气，于是和老板争吵了起来。你没有控制好的怒火最终只会惹怒老板，使老板将你炒了鱿鱼。

愤怒，不但会给你的人生带来不幸，更加会损害你的身体健康。有心理学家曾经做过一个研究，他们随机挑选了七百八十五位年龄在四十九岁到九十二岁，没有冠心病史的男性和女性，比例各占百分之五十。

在研究过程中，他们采用了录像采访，将志愿者分为了三种不同的愤怒表现形式：建设性愤怒、破坏性愤怒辩护和破坏性愤怒沉思。最后得出的结论是：在这些志愿者中，有百分之十四点六的人容易得冠心病。研究还发现，经常发怒的人，更容易得厌食症和肥胖症。

很多心理研究告诉我们：学会控制自己的愤怒很重要。你越是喜欢发怒，越会觉得生活中的每件事情都在和你作对。长期处于各种负面情绪中，你甚至会产生厌世的想法。

人生，不可能什么事都尽善尽美，不可能每件事都顺你的心。正因为不尽如人意的事情总会发生，所以人们才会愤怒。事实上这些不如意的事情真的值得我们生气吗？答案是否定的，很多事情发生了就发生了，完全用不着大动肝火。面对那些不如意，我们可以付之一笑。微笑是豁达和宽容的表现，能使自己的心情平和宁静，让自己免受怒气的伤害。

## 认识消极的自我对话

有的人，在做事情之前会对自己说："这件事情太难了，我根本不会成功。"在与他人交际的时候，又会对自己说："我不擅长交际，还是等下一次吧。"……无论做什么事情之前，他都会和自己进行消极对话。这在很大程度上限制了他的积极性。因为，当你认为自己不会成功时，便不会积极地将精力投入其中。

公司的一个主管辞职了，老板决定从原有的员工中挑选一个，让其上位。老板选来选去，认为赵阳很符合条件。

于是，老板让赵阳下午上班的时候去办公室找他。

赵阳心想："公司刚刚有一个主管走了，现在老板叫我找他，难道是想要将我也开除了？"

等到下午，赵阳去找老板。老板说道："你已经在公司工作五年了，这五年你不但工作很有成绩，而且和同事的关系也挺好。现在公司决定将你升为主管。"

这个消息，不但没有给赵阳带来升职加薪的喜悦，反而让赵阳陷入焦虑之中。他想："主管的责任那么大，我怎么能够承受得了呢？万一犯了什么错误，下一个被开除的就是我了。”

在这种恐慌中，赵阳拒绝了老板给他升职的提议，安安分分地做着自己的小职员工作。

很多时候，人们并没有意识到这种行为的存在，并且他们常常为自己找各种理由。比如说，性格内向的人在和别人交往的时候会想：“我性格这么沉闷，没有人会想和我说话的。”于是，在这种想法的催促下，他就会尽力避免与他人交谈，并且认为这是避免自己陷入尴尬的最好的办法。再举个例子来说，你的老板给你发了一条消息，让你尽快去找他一趟。消极的人脑海中第一时间想的便是：“也许我哪个地方出错了，老板要解雇我了。”抱有这种怀疑的态度，你也许会带着一种负面的情绪去和你的老板交谈，带着这种情绪可能会造成一种不愉快的局面。

消极的自我对话会在很大程度上影响你的感受和行为方式，让你不断地产生消极情绪和各种消极的想法。事实上，到最后，这种消极的自我对话往往会变成现实中的一种自我预言。也就是说，你心中越是想自己不会成功，那么最后你所想的就会变成事实。

对于习惯否定自己的人来说，许多消极想法是自行臆想出来的，对方可能并没有你擅自揣测的各种目的。消极的自我对话，实际上就是不自信导致的自我批判。你对自己产生了“笨拙、愚蠢、失败者”的印象，并且，你在做事情的时候告诉自己：“我不可能完成。”

如果你做事情之前，喜欢在心中不断地排练一些消极的话，形成习惯之后，那些非理性的信念和看法便会融入你的生活中。最终，等待你的就是被大量消极情绪淹没。正确认知消极的自我对话，并且积极地将其转变为正面能量非常重要。

你可以从自身的想法下手。很多时候，那些负面的想法源于你对自我的怀疑。很多时候，人们的情绪和思想是不受自己控制的。但是，你也不必恐慌。当你在心中对自己说一些消极的话时，并不需要马上去阻止。这个时候，你可以问自己一句："这是真的吗？"你还可以在脑海中创建一个证据列表，尽可能地为你的想法寻找支持它的证据。当你发现你所列举的证据并不足以支持你的想法时，你就可以完完全全地说服自己，是自己多想了。

有时候，人们在遇到一件比较重要的事情时，会给自己过多的压力，并且在心中不断地想："我失败了怎么办？我肯定完不成这项重任。"

如果你对这种想法置之不理，就会陷入消极对话的死循环之中。这个时候，你可以给自己一个设想："如果失败了，我面对的最糟糕的局面是什么？"当你发现最糟糕的局面并不会对你的人生造成毁灭性的打击时，那些萦绕在你身边的焦虑、恐慌等负面情绪就会消失。

其实，与其不断地去怀疑自己不能完成目标，不如坚定地告诉自己："我可以先迈出一小步，这一小步也许只是一个不完美的框架，却是走向成功的基石。"不断地在心中练习正能量的话，用它来替换消极的自我对话。久而久之，你就能够树立强大的自信心，不会再被各种消极的想法困扰。

## 你所谓的焦虑，不过是对未来的恐惧

无论处于哪个年龄阶段，焦虑总是如影随形。快要毕业时，为即将到来的工作焦虑；入职后，为自己的职场发展焦虑；没结婚的时候，为婚后的生活是否会幸福而焦虑……

其实，我们这些所谓的焦虑，只是因为对不确定的未来产生了过度的恐惧心理而已。

王宇最近不知道怎么回事，老是处于一种焦躁不安的状态，工作的时候也是一副心事重重的样子，做什么事情都提不起半点儿精神。

和王宇玩得好的同事想要劝劝他，但是他什么也不说，只是一个人闷着头，天天在办公区里面抽烟，整个人无精打采的。

王宇之所以会这样，是因为得到了一个消息：公司为了减少支出，对各个部门都下达了裁员的通知。王宇知道了这个消息之后，比热锅上的蚂蚁还要急躁，老是担心自己会被裁掉。

他家里不富裕，全家上下就指着他一个人的工资过活。而且现在女儿还面临高考，这个时候如果自己的工作出现什么岔子，那可真是一个沉重的打击。可是部门自从接了这个通知后，并没有马上给上面交出名单。

这样一来，王宇心中一直在想，如果自己下岗了怎么办？因为老是处在这种恐惧之中，王宇工作的时候思想不集中，频频出错，受到了上司的严厉批评。王宇每天都像是惊弓之鸟，有点儿风吹草动就紧张不已。

哈里伯顿曾经说过："怀着忧愁上床，就是背负着包袱睡觉。"总是有一些人喜欢不断地预算着未来可能会遇到的阻碍和困难，然后，因为恐惧这些困难，每天焦虑不已。但是，未来的事情并不是一成不变的。为还没有发生的事情焦虑不已，实在不是一个明智之举。

心理学家研究发现，人生有百分之九十以上的焦虑都是可有可无的，它们只存在于自我的想象中，往往不会出现。想要拥有一个轻松的人生状态，没事儿就别想着以后会怎么样，并且不要企图现在就去解决未来还没有发生的困难。很多事情是无法提前完成的，过早地为将来担忧，除了于事无补外，只会增加自己的焦虑和苦恼。

李嘉诚曾说："要克服生活的焦虑和沮丧，得先学会做自己的主人。"如果你被焦虑和恐惧支配着，连当下的事情都做不好，可想而知，等待你的未来是如何的糟糕。

事实上，我们可以发现，那些习惯为未来焦虑的人，多是因为内心害怕失败，并且期望得到别人的认可。于是在做事情之前，他们会花费大量的时间来担心，盘算自己想要什么以及自己应该怎样做。

或者是，有的人因为曾经有过遗憾，为了防止未来再次发生这样的遗憾，于是他们开始防微杜渐。然而越是这样，越是焦虑，坏事情越容易跟随他们。

在很多时候，做好今天的事情就行了，没有必要再去预知明天的烦恼。如果一直为明天的事情担忧，只会让自己徒增更多的烦恼，也不一定能让明天变得更好。

许筱明天有一个演讲，这是她第一次上台演讲。所以，演讲的前几天，许筱一直处在焦虑之中。

她给朋友打电话说，要是自己忘词了怎么办，一会儿又说人太多她太紧张了怎么办，要不然就是，那天自己迟到了该怎么办……总而言之，许筱不断地担心自己演讲的时候可能会发生也可能不会发生的各种事情。

等到演讲结束之后，许筱开心地和朋友说道："演讲非常顺利，虽然一开始的时候，我因为害怕，说话的声音比较小。但是听众非常热情，掌声也非常热烈，慢慢地我就将紧张忘在脑后了，只想着要好好地将准备好的东西讲出来。"

明天的不确定因素太多了，你根本就不知道明天究竟会发生什么变故。有句话说得好："计划赶不上变化。"我们与其一直因未发生的事情焦虑，让自己活得很累，倒不如好好地活在今天，要知道明天过后还有明天。

当然，最重要的是要不断提升自己的能力。当你强大起来之后，未来的任何事情都不能打倒你。那时候，你将不会再因为未知的恐惧而焦虑。

## 为什么你会越努力越焦虑

经常发现身边的人早出晚归地穿梭在家、办公室、餐厅、地铁上，非常努力生活却依然是一副焦虑的样子；他们白天努力工作，下班后每天上课都到深夜，但是看到别人更优秀就变得忧心忡忡；每天锻炼，不吃晚饭，看着体重秤上不变的数字，心情立马变坏……

很多人有疑问："为什么我这么努力了，依然还是很焦虑?"原因很简单，就是你要得太多，欲望始终得不到满足。

约翰·列侬曾经说过："当我们正在为生活疲于奔命的时候，生活已经离我们而去。"你要得越多，越难以快乐。因为你将所有的精力都放在工作上，就没有时间去休息和理会自己的兴趣爱好，神经永远绷着。

沈辉刚入职的时候，每个月赚5000元，除掉房租、交通费等各种开销所剩无几。他非常焦虑，想如果一年能赚十万就满足了。后来，一年赚十万了，他更焦虑了。因为他工作一年，就算不吃不喝，也买不起一个卫生间。他想如果每年能够赚五十万就好了……

如今，他创业年入一百万，但仍然不快乐，甚至更加焦虑。他担心的事情也越来越多：市面上的产品更新太快，同行最近上新货了，公司的优化排名被挤下去了……

在微信朋友圈中，总会出现“越努力越幸福”的言论，并且很多人都对此深信不疑。为了证明这一言论，他们还会举出各种例子。比如，“有艺人说：‘十年来，我几乎没有休息过一天！’十年的付出，换来身价暴涨，最开始片酬一集五千元，后来片酬涨到了一集三十万，现在片酬已经涨到了每集八十五万，出道十年身价涨了近一百七十倍。如此看来人生有两条路可以走：要么吃苦十年，精彩五十年！要么安逸十年，吃苦五十年！要过什么样的人生，你自己选择！——致敬所有在路上的人们！”

这样的文字看似很励志，让人备受鼓舞，但它在向人们灌输一种错误的思想：努力拼搏就能得到幸福。这样的思想很容易对人们产生负面影响，尤其是容易误导正在人生起步阶段的年轻人。

人们总是认为：只要努力了，就能够取得成功。很多人已经将努力“神化”了，只要你努力，全世界都要为你让步。然而，事情并没有理想中的那么美好，能走上人生巅峰的，只是少数人。当你的努力没有带给你想要的回报时，焦虑便会产生。而且，这种情况最常见。

当你真正地着手去做时，就会发现，最后得到的结果往往与想象中的相悖。然后，你就会陷入“越努力越焦虑”的逻辑怪圈中。因为你每次达到了目标，接着又会想要更多，会朝着更大的目标去努力，内心一直得不到满足和平静。英国著名作家阿兰·德波顿曾经说过："生活，就是用一种焦虑代替另一种焦虑，用一种欲望代替另一种欲望。"

越努力越焦虑，并不仅仅是出现在那些努力成功的人身上，已经成功的人身上也会有这种情况。所谓的努力焦虑，其实就是指不断地奋斗、努力，为自己制定很多目标，并且努力去达成。在这个过程中，你始终忙忙碌碌的，根本没有时间和心情停下来欣赏一下周围美丽的风景。甚至，如果吃饭超过了半个小时，你就会陷入自责和焦虑中："工作已经这么忙了，我吃饭的时候为什么要浪费这么多时间？"

还有的人，因为羡慕、嫉妒身边人的优秀，于是拼命地努力着，为自己制定远大的目标。然而，不论怎么努力，都无法达成。他们会因为成功而喜悦，因为失败而恐惧。如果他们从来没有享受过成功的喜悦，就会被失败的恐惧不断驱使着向前奋进。如果一直处在焦虑之中，无疑会对他们产生很多负面的影响。

既然越努力越焦虑，那么，面对人生我们要随波逐流吗？答案是否定的。努力绝不是一件坏事，正是因为做事情努力，你才能够一往无前，并且取得最后的成功。但是，努力一定不能够超过一定的限度。当你察觉自己开始焦虑的时候，不需要恐慌。你可以停下来，用别的事情来转移一下注意力。

你要明白，你并不是为了工作而生。学会倾听自己内心的声音，不要总是忙于工作，去发展自己的兴趣爱好，让人生变得多姿多彩起来。当你不再试图通过努力去获得什么的时候，你就会发现生活的美好，获得内心的宁静。

## 悲伤，一种能促进深沉思考的反应

失恋了，你会伤心；被公司开除了，你会伤心；和朋友吵架了，你会伤心……“悲伤”这种情绪，似乎总是伴随着坏事情，人们痛哭流泪，伤心伤身。所以，人们对悲伤总是抱有厌恶的心理。

其实，悲伤并不总是坏事。有一位作家这样评价悲伤的正面意义：“这是一种能促进深沉思考的反应，能更好地从失去中取得智慧，让人更珍惜目前所拥有的。”

在很多时候，悲伤确实意味着失去。但是，正因为如此，人们才会明白自己的内心，然后更加珍惜现在拥有的。

在《大话西游》中，至尊宝在失去紫霞仙子的时候流着泪说过这样一段话：“曾经有一份真诚的爱情放在我面前，我没有珍惜，等我失去的时候我才后悔莫及，人世间最痛苦的事莫过于此。如果上天能够给我一个再来一次的机会，我会对那个女孩子说：‘我爱你。如果非要在这份爱上加上一个期限，我希望是……一万年。’”

在电影中，至尊宝的伤心是有目共睹的。在悲伤中，至尊宝懂得了紫霞仙子的可贵之处，明白了自己内心真正爱的人是谁。

当你因为某件事情伤心的时候，就可以明白其实你的心中对这件事情很在乎。现在就开始反省，如果是自己的失误导致了悲伤事件的发生，那么就勇于承认自己的错误并且及时改正。这样，你就不会在这个错误中再次跌倒。

一位心理学博士曾经说过："如果'坏情绪'经受住了进化的考验，那么它具有某种生存优势。情绪不仅影响我们想的内容，还会影响思考过程本身。这种影响是激发创造力的重要力量。"

悲伤这种坏情绪让人们更加具有怀疑精神。因为，人们在情绪低落的时候，不会过于依赖简单的刻板印象，能够更准确地察觉到事件是否具有欺骗性，然后做出更加精准的决定。

心理学家乔·福加斯认为："在很多时候，悲伤能够促进'最适合处理费心状况的信息处理策略'。"为此，他做了一个实验：

乔·福加斯来到了澳大利亚悉尼郊区的一家小文具店，然后在收银台旁边放了一些小玩具，如玩具士兵、小玩具车等。

在实验的过程中，福加斯会要求购物者结完账出门的时候，尽可能地回忆刚才在收银台上看到的小玩具，以此来测试他们的记忆力。

为了研究不同情绪对于人们记忆的影响，福加斯选择了阴雨天和晴天来分别测试。并且，在阴雨天的时候，他会播放威尔第的《安魂曲》来加强气氛，在晴天的时候则会播放吉尔伯特与沙利文的欢快乐曲。

最后得出的结果发现：阴雨天能够让购物者心情悲伤，但是他们所能够记住的小玩具是正常人的四倍。

相对于美好的记忆，人们对于痛苦的记忆印象更加深刻。因为痛苦的事情往往会反映出深刻的社会人际关系，体现出人们的三观。因此，人们在经历了痛苦的事情之后，便会进行深刻思考，然后便会在内在进行蜕变和升级。

当人们长期处于快乐的环境中时，形成习惯，就会认为这是一件很平常的事情。但如果这个时候发生了一件伤心事，人们就能够明白快乐是多么可贵。所以，往往悲伤才能够衬托出快乐的意义。

比如说，分手之后，人们会不自觉地回顾热恋时的甜蜜；离别的时候，人们喜欢回忆一起相伴的日子；面对死亡，人们伤心的同时会更加珍惜生命……当人们意识到快乐的难得之后，就会更加珍惜现在所拥有的。

不同的情绪，造成的结果也是不一样的。当人们一直处于快乐安逸的环境中时，很容易生出懈怠的心态。但是，当人们处于悲观的环境中时，悲伤的情绪可以促使你想尽办法去改变。所以，孟子才会说："生于忧患，死于安乐。"

有两个人，一起去参加狩猎。其中一个人很快乐，另一个人因为发生了一些事情比较悲伤。突然，他们同时被一只老虎盯上了。

快乐的人很乐观，认为自己一定能够跑掉，于是慢慢地往前跑。悲伤的人害怕被老虎吃掉，心中充满了恐惧，于是两条腿跑得飞快。

最后，那个快乐的人被老虎抓住了。

悲伤的人，因为同伴的死亡更加伤心了。但是，这个时候他意识到，如果下一次遇到老虎，自己可能就不会这么幸运了。于是，他开始积极锻炼身体，和另外的同伴一起狩猎老虎……让自己能够免于危险。

各种研究证明，人们在悲伤的时候，能够更大程度上激发自己的潜力。所以，比尔·盖茨经常对自己的员工说："微软离破产永远只有十八个月。"

在这种悲观意识下，员工会更加有进取心，愿意去关注细节，遇到问题也会寻找更多的解决办法，不会盲目轻信和武断地做决定。

我们不要排斥悲观情绪，而是应该学会去认识、了解它的正面意义，并且积极地接纳、运用它，让它帮助我们获得更加美好的人生。

## 猜疑是一种消极的自我保护

这么晚，老公还不回家，他是不是在外面和别人约会；借给朋友钱，过了期限还没还，他是不是想要抵赖；计划书发给老板，现在还没有回复，他是不是不满意……

研究发现，每个人身上都有猜疑的影子，而且它常常存在于人际交往中。猜疑是指自我牵连倾向太重，对于他人的言行很敏感、多疑，并且喜欢用自己的思维去肆意揣度的情绪。

在《三国演义》中，曹操刺杀董卓失败后，逃到了和他要好的吕伯奢。吕伯奢看到曹操很高兴，于是决定杀一头猪款待他。曹操一听到霍霍磨刀声，又听到吕伯奢说“缚而杀之”，便疑心对方要杀自己，于是不问青红皂白，拔剑杀了吕伯奢。

这就是猜疑心在作怪。曹操擅自揣度吕伯奢的言行，认为对方要对自己不利，于是在焦虑中怒杀无辜。

很多人批判猜疑，认为它是一种坏情绪，它让人与人之间失去了最宝贵的信任。但其实，猜疑本身并没有错误。因为人们没有安全感，所以害怕受到伤害，它只是出于人们想要自我保护的心理。

在莎士比亚的名剧《奥赛罗》中，男主角奥赛罗和小他很多岁的元老之女苔丝狄蒙娜相爱了。

有一名手下非常嫉妒奥赛罗，于是不断地挑拨两人的感情。奥赛罗对妻子产生了强烈的怀疑，无论妻子做什么事情，他都不断地猜疑询问。即使妻子拼命地解释，奥赛罗依然不相信。

最后，在疯狂的猜疑中，奥赛罗亲手结束了妻子的性命。

鲁迅曾经说过："怀疑并不是缺点。总是疑，而并不下断语，这才是缺点。"保持猜疑的心理，可以帮助你规避那些骗局和陷阱。但是，如果无论遇到什么事情都猜疑不断，不但会让自己心累，还会伤害到别人，给自己的人际关系造成危机。

猜疑的心，更多出现在恋人之间，尤其是在两人踏入婚姻之后。当两个人在恋爱中时，全部注意力都放到彼此的身上，爱情就是他们的全部。但是，当结婚之后，彼此之间掺入了事业、家庭和责任。此时，猜疑便容易产生了。

一旦你产生了自己并不是对方世界中的唯一的想法，失去了安全感，猜疑便会相继而来。无论对方做什么事情，你都会用怀疑的心态去看待。当这种负面情绪到达了顶点，愤怒让你失去了理智，你便容易做出让自己后悔莫及的事情。

也许，猜疑是你给自己套上的一层消极的保护色。但是，你要明白，爱情就像手中的沙子一样，你抓得越紧，流逝得就会越快。当你把手张开，给予对方充足的空间和信任时，爱情就会保持在美好的状态中。

著名电影演员达式常非常的帅气，仪态翩翩，风流潇洒。

他塑造了很多深入人心的艺术形象，获得了观众们的喜爱。

随之而来的就是，有许多年轻漂亮的姑娘被他吸引，纷纷给他写信，向他诉说情思。有的甚至将自己楚楚动人的照片放到信封里，只希望能够和他交个朋友。

然而这个时候，达式常已经结婚了。对于这些信，他从来不看，全部都交给自己的妻子。而妻子也从来不会去猜疑达式常，进而干涉他的拍摄工作，她常说："片子中该怎么演就怎么演，我相信你！"

正因为彼此信任，即使达式常经常会因为工作外出，接触很多年轻漂亮的姑娘，但是，两人从来没有因此而争吵。

人与人之间的信任非常可贵，我们不能让过度猜疑破坏了它。想要改变猜疑的心态，我们首先要明白它产生的原因。

一个原因是个人想法太主观，在与人交往的时候，喜欢用封闭性的思维去看待对方。即使发生了一件小事，因为事先给对方定性，便会怀疑对方有不好的目的，进而歪曲了事实。

另一个原因可能是心理不健康，过于关注自己的利益，不论别人做什么事情都不放心。可能对方做的事情与他并不相干，他也会怀疑对方会损害自己的利益。

或者是一直处于挫折的阴影中。比如说，有人以前因为轻信了别人，所以上当受骗了，遭受了巨大的精神和经济损失。这让他在以后的生活中杯弓蛇影，对于别人的言行抱有怀疑的态度，生怕再次上当受骗。

如果你想要改变过度猜疑的心理，可以这样做：

（1）想法不要太主观。

主观臆想色彩过浓的人，会不断地在心理上加强消极自我暗示，时时处于怀疑别人的困境中。想要解决这个问题，你不妨多和对方进行沟通，彼此多了解，时间久了，你就会明白对方并没有害你之心。

（2）不轻信传言。

猜疑过度的人，一旦听到什么风吹草动，尤其是与自己相关的，不去求证就会立马相信。然后为了保护自己，就会采取过激的手段。就像是《奥赛罗》中的男主角一样，因为听信传言猜疑自己的妻子，最终导致了悲惨的结果。不轻信传言，有自己的判断，你才能够理智地处理问题。

（3）多做积极的自我暗示。

喜欢猜疑的人，遇到问题会往消极的方面想："对方是不是对我有意见？"当怀疑越来越重的时候，你要提醒自己及时"刹车"，然后想办法让自己想一些积极的事情。比如说："可能是我误会了？"用积极暗示去替代消极暗示，让自己冷静下来，你才能够去弄清楚事情的真相。

所以说，适度猜疑，能够使我们避免上当受骗。但是，过度猜疑，会成为斩断我们人际关系的利器。因此，我们一定要掌握好分寸，多一点儿信任，少一点儿猜疑，让自己的情绪变得更平和稳定。

## 习得性无助：当绝望碾碎了意志

当人们长期陷入绝望中时，意志崩溃，就只剩下无助和焦虑了。美国心理学家塞利格曼将这一现象定义为“习得性无助”。

在 1967 年，塞利格曼利用狗做了一项经典实验。一开始塞利格曼把狗关在笼子里，并且在旁边放了一只蜂音器。只要蜂音器一响，就给予狗难受的电击。

因为狗被关在笼子里，无法逃避，只能硬生生地承受电击的痛苦。在经过多次实验后，塞利格曼发现，只要蜂音器一响，在给电击前，即使先把笼门打开，狗也不会逃出来，甚至不等电击出现，狗就先倒在地上开始呻吟和颤抖。

通过此项实验，塞利格曼验证了“习得性无助”确实存在。然后他开始试验，这种行为是否会出现在人的身上。于是，在 1975 年塞利格曼重新做了这项实验，并且用人当受试者。实验的具体内容是这样的：

塞利格曼找来了一些大学生，并且将他们分成了三组。他让第一组学生听一种噪音，这组学生无论如何也不能使噪音停止。第二组学生也听这种噪音，不过他们通过努力可以使噪音停止。第三组是对照，不给受试者听噪音。

当受试者在各自的条件下进行一段实验之后，受试者进行了另外一种实验：实验装置是一只“手指穿梭箱”，当受试者把手指放在穿梭箱的一侧时，就会听到一种强烈的噪音，放在另一侧时，就听不到这种噪音。

最后实验得出的结论是，这些学生也会产生“习得性无助”。在原来的实验中，能通过努力使噪音停止的受试者以及未听噪音的对照组受试者，在“穿梭箱”的实验中学会了把手指移到箱子的另一边来使噪音停止。

而第一组受试者，即那些在原来的实验中无论怎样努力也不能使噪音停止的受试者，他们的手指仍然停留在原处，任凭刺耳的噪音响下去，却不把手指移到箱子的另一边。

所谓的习得性无助，就是在生活中，很多人经历了失败和挫折后，再次面对问题时就会产生的无能为力的心理状态和行为。

人有主观能动性，能够对客观环境和主体因素进行分析，对自己行为失败的结果进行归因。人们将不可控制的消极事件或失败结果归因于自身的智力、能力的时候，身上便会出现一种弥散的、无助的和抑郁的状态。当这种状态不断累积时，他们对自己的评价也会降低，而且很容易彻底陷入绝望的情绪中，做任何事情都会没有动力，无助感也由此产生。

事实上，习得性无助能够进一步加深人们的绝望，影响人们的理性判断能力。比如说，你做一件事情失败了，然后就会认为自己没有完成这件事情的能力，形成悲观的认知模式。但是，可能你再努力一次就能获得成功，却因为之前的失败而选择了放弃。

这就像鲁迅先生笔下所描写的“孔乙己”，孔乙己明明可以通过自己的努力改变命运，却选择随波逐流，最后落得惨死的下场。

习得性无助对于人们的发展存在很大的消极影响，它的本质就是长期积累的负面人生经验使得人们失去了生活的信心，继而失去了追求成功的驱动力。

正确认识习得性无助，能够帮助我们摆脱“绝望”这个负面情绪。要克服习得性无助，最重要的就是要有一个辩证的挫折观，经常保持自信和乐观的情绪。

罗斯是一名飞行员，一次飞机失事，他受了重伤，全身百分之六十五的皮肤都烧坏了。手术之后，罗斯发现自己无法拿起叉子，更无法一个人上厕所。

但是，即使遭受了这样的挫折，罗斯也没有陷入绝望。

当最后一次手术做完之后，罗斯积极进行康复训练，六个月之后，他又能开飞机了。后来，为了生活，罗斯和两个朋友合资开了一家公司，专门生产以木材为燃料的炉子，并且获得了巨大的成功。

功成名就时，罗斯再一次驾驶飞机时遭遇了意外。这一次，他的脊椎受到重创，粉碎性骨折，腰部以下永远瘫痪了。

这一次的事故几乎让罗斯绝望：“我始终搞不清楚，为什么这些倒霉的事情总是发生在我的身上?”

但是最终，他还是挺了过来，并且在出院之后，说的第一句话就是：“我完全可以掌握自己的人生之船，我可以选择把目前的状况看成倒退，或是一个全新的起点。”

很多人，在第一次遇到挫折的时候，即使心中忐忑依然会想尽办法去克服，但是当无论怎样都无法成功或者接二连三地遭遇挫折时，他们内心习惯了，便开始放弃。

习得性无助就像是一层重重的壳儿一样，可以让人短暂地麻木失败的滋味，但同时你会在壳里越待越久，直到麻木到绝望。

绝望的人，很难控制自己的情绪，很难理智地看待问题，只会让自己的状况变得更加糟糕。因此，我们一定要克服习得性无助的心理，将自己从绝望的壳子中脱离出来，斗志昂扬地去迎接未来的挑战。

## 如何把负面的嫉妒变成积极的嫉妒

嫉妒，是很常见的一种负面情绪。有的人看到同事的业绩比自己高，心中暗自咒骂，认为对方肯定使用了不正当的手段；看到别人夸朋友比自己漂亮，心中愤怒，暗骂对方有眼无珠，并且责怪朋友为什么要打扮得这么漂亮……

在很多时候，嫉妒是一种掺杂着焦虑和愤怒的感情，一方面你因为别人的才能、名誉、地位或者境遇比自己好而焦虑，另一方面又会产生“本应属于自己的东西却被别人拿走了”的愤怒。它非常具有杀伤力，对内对外都能够形成攻击。对内，会让人不断地进行自我否定；对外，则会让人因为嫉妒而憎恨他人，甚至在嫉妒的刺激之下，做出伤害别人的事情。

研究人员发现，嫉妒心越重的人，心理越扭曲，在生活中过得很不快乐。在深深地嫉妒别人之后，很多人都会产生一种无力感，这就是正面能量减少、负面能量增加的表现。

但是，嫉妒并不是一无是处的。过度的嫉妒，能够让人毁灭；适度的嫉妒，却能够使人上进。

“晓梦，这个月刘洁业绩又是公司第一名，啧啧，这长得漂亮的人就是不一样。”

王晓梦正在整理客户的资料，旁边的同事悄悄地一边和她抱怨，一边不屑地看了前面坐着的刘洁一眼。

王晓梦从同事的眼中看到了深深的嫉妒。刘洁长得很漂亮，在工作的时候也非常努力。

有一次，王晓梦发现有一个东西落在了公司，便回去拿。那会儿，已经是晚上九点了，刘洁还在公司加班，整理手上所有客户的资料。对于客户的兴趣、背景、需求等，刘洁都能够如数家珍地说出来。

当同事们在公司聊天、打电话的时候，刘洁却积极地带着资料拜访客户。很多同事都认为她是靠长得漂亮才会业绩好，却没有发现她在背后付出的努力。

对于同事的话，王晓梦微笑地摇了摇头，没有回腔。对于刘洁的工作成绩，她心中有羡慕、嫉妒，但是她不会在背后说人家的坏话。这只能让她意识到自己的不足，促使她向刘洁学习，努力去提高自己的业绩。

著名作家周国平曾说：“嫉妒是人性，不因嫉妒而失态乃至报复则是修养，我们无法压抑人性，但可以做到有教养。”因为嫉妒去恶意中伤别人，只会显得你小心眼。如果你能以良好的心态和眼光去理解、认识嫉妒，发觉嫉妒的正面意义，嫉妒便能够在很大程度上帮助你前进。

当一个人看到别人比自己优秀的时候，往往会产生“我低你高”的意识，心中产生嫉妒。这个时候，要及时提醒自己不要放任这种情绪发展，将自己变成一个只会嫉妒和抱怨的“小人”。而是要将这种嫉妒变成“不服气”。

比如说，当你嫉妒别人的时候，你的心中会想："凭什么你就过得比我好?"于是，你就会开始抱怨社会的不公，抱怨自己的不幸。其实，你也可以转换一下心理："虽然你现在过得比我好，但是我相信我可以凭借努力反超你。"

凭借这种"不服气"的心态，你就能够认真地去分析别人是如何做到这么优秀的，在对比中认知到自己的不足，见贤思齐。然后，你可以将其当作自己的榜样，产生前进的动力，最后你就会变成和对方一样，甚至更加优秀的人。

一味盲目地嫉妒别人，不仅会扭曲自己的心理，还会使你在潜意识中认为自己是一个弱者，使自己自卑并且无法接受事实。这样，你只会沉溺在这种负面情绪中，然后慢慢变得消沉、愤怒。

嫉妒虽然常见，但是并不可怕。将负面的嫉妒转换成积极的嫉妒，你就能够发现，嫉妒不但能够让自己充满正能量，而且能够改善自己的人际关系，获得别人的善意。

那么，我们应该如果去学会理解、运用积极的嫉妒呢?

首先，嫉妒是性格的修炼。

当一个人嫉妒的时候，往往喜欢以主观的思维去看待别人的言行，别人无意间的行为，也会看成是对自己的挑衅。有的人还会一边嫉妒别人，一边说自己并没有嫉妒。这是一种逃避又矛盾的心理，时常会将自己带入负面情绪中。如果你能够战胜自己的嫉妒，以平常心对待它，久而久之你就会发现，自己的情绪变得越来越平和稳定。

其次，把嫉妒当成鞭策自己前进的动力。

看到别人优秀，嫉妒不服气很正常。但是，你不能够被这种情绪控制，扰乱自己的工作和生活。你应该学会理智地看待自己的嫉妒，学会去关注“别人为什么这么优秀”，而不是只盯着“别人凭什么这么优秀”，保持清醒的头脑和良好的心态。在嫉妒中不断地提高自己的能力，正视嫉妒的正面意义，你就能够从负面情绪中摆脱出来。

最后，嫉妒是对自己的提示。

人们长期处在同一个环境中，便会形成习惯，并且认为自己的人生非常美好，一帆风顺。嫉妒就像是投入平静湖面上的一粒小石子，让你察觉到自己的不足，催促你上进。

所以，当你察觉到自己出现了嫉妒的情绪时，无须自责，这只是你的内心在提醒你，需要做出改变了。你要积极地将嫉妒转化为正能量，将其当作一种助燃剂，不断地发掘自己的潜能，让自己变得更加优秀。

无论是生活还是工作，你完全不需要将嫉妒当成洪水猛兽，一旦有一点儿苗头，就认为自己的心理出了问题。每个人都有追求更好的权利，适当的嫉妒既可以稳定你的情绪，又可以催促你上进。不过，在这个过程中，你要学会将消极情绪转换成积极情绪，这才是关键。

## 改变受害者思维，为自己的幸福负责

所谓“受害者思维”，就是将自己时刻摆在受害者的位置上，认为自己处处遭受不公平的对待，将自己的幸福、快乐全部寄托在他人身上，并且对于这种状态无能为力。

长期处在受害者思维中，你就会认为自己很可怜，仿佛全世界都在和你作对、伤害你，处处不顺，只能自怜自艾。

对于受害者思维，我们可以将其看作是一种不健康的自我防御机制，或者说是一种自我逃避机制，将让自己变得痛苦的责任全部归咎于别人。也许这样的做法会让你暂时获得别人的同情、安慰甚至是照顾，但若是长此以往，则会让你意志消沉，沉溺在负面情绪之中。遇到问题，你不会去寻求解决的办法，只会一味地怨天尤人。

将自己的幸福寄托在别人身上，无疑是一件很蠢的事情。我们常说，“要将命运掌握在自己的手中”，想要获得幸福的未来，就要从自身出发，以积极的态度去面对人生。

“你这个策划案，做得根本不行。”主管将手中的文件夹摔到林苏的桌子上。

“好的，我马上改。”

等主管气冲冲地走了之后，旁边的同事同情地看着林苏，抱怨道：“主管真是太讨厌了，成天抠字眼儿，再好的策划案他也能挑出毛病来。咱们成天累死累活地拿这么点儿工资，他每天坐在办公室里倒是轻松自在，还对咱们指手画脚的。”

林苏笑着说道：“本来就是我的工作没做好，不能赖主管发火。”

“林苏，你的脾气可真好，看你每天过得这么快乐，我真是羡慕你啊，你能传授我一些让自己快乐的高招吗?”同事眼巴巴地看着林苏说道。

“其实也没什么，只是我每次碰到要生气的时候，如果是自己的错误，就勇于承认，如果不是，就告诉自己，为了别人的错误生气，那就是惩罚自己，多不值当啊。时间长了你就会发现，那些让你烦恼的事情并没有什么大不了的，让自己过得快乐才是最重要的。”

很多人认为想要过得快乐是一件很困难的事情。这其实就是因为他们将自己的情绪寄托在别人身上。比如说，有的人郁郁不得志，就认为是因为老板不能慧眼识英才；婚姻不快乐，就认为伴侣不够体贴；遇到了烦心事，就认为周围的朋友不能够耐心倾听；上班迟到了，就怪公交车走得太早，没有等自己……想要获得幸福确实是一件很难的事情，因为别人的意志并不会为你而改变。

想要摆脱受害者思维，将情绪掌控在自己的手中，首先你要摆正自己的心态，不能将自己时时放在受害者的位置上。

每个人都是独立的个体，没有人会处心积虑地去和你作对、陷害你。同样地，也没有人要为你的幸福负责，要处处迁就你。每个人只能够对自己的人生负责，当你认识到这一点时，你就不会因为一点儿小事而觉得全世界都对不起自己了。

结婚五年，从恋爱时的恩爱甜蜜到踏入生活的柴米油盐，周玥发现婚姻并没有自己想象中那么美好。老公没有了恋爱时的体贴，每天就是忙着工作。晚上回家吃完饭，就躺在沙发上看电视，不做家务，也不陪自己。

五年的时间里，遇到了各种的事情。周玥时常和朋友倾诉："我一边喜欢他，一边又很怨恨他。觉得自己很惨，他可能根本不爱我，这五年的时间我太痛苦了，一点儿快乐都没有。"

即使是再亲密的关系，彼此之间也要留有空间。将自己摆在受害者的位置上，你只会看到对方的坏处，而发现不了对方身上的闪光点。

很多人企图用受害者思维去获得幸福，这是一个荒谬的想法。受害者思维只会让你以消极的心态去对待人生中发生的事情。当你遇到困难的时候，你脑海中闪现的第一个想法就是："这件事情不是我的责任，我根本没有能力去解决。"

还没有尝试就放弃，将希望寄托给别人，让自己陷入被动的境地，这往往是受害者们的行为模式。一旦别人无法达成你的要求，失望、愤怒、焦虑等情绪就会接踵而来。

我们常说："主动出击，才能获得幸福。"遇到困难，将自己摆到主动的位置上，积极寻求解决的办法，这样不管面对什么样的问题，你都能够泰然自若地解决。

摆脱受害者思维，以积极的态度去面对人生，做自己情绪的主人，你就会发现，美好的事情还有很多。你不会再因为别人的错误而生气，你可能仅仅因为路边开了一朵漂亮的小野花就高兴，因为别人帮了自己一个小忙就觉得幸福……久而久之，你的情绪也会变得越来越平和。

# 情绪管理的 ABC 理论

早上在拥挤的地铁上，有人不小心踩了你一脚，而且那人根本没有和你道歉，理所当然地扬长而去；

好不容易花了半个月的时间，做好一份活动的策划案，结果直接被老板否决了，他甚至没有给你任何理由；

下班回家，你本来想要好好休息，结果上司给你打来电话，临时让你加班到深夜；

给父母打电话，本来想要好好联络感情，结果父母又开始数落你放假没有回家的事情，并且再次催促你赶紧找对象；

……

类似这样的事情，我们在生活中经常能够遇到。而且，这些事情通常会直接导致我们的情绪爆发。我们自然而然地会陷入愤怒、失望、烦躁等负面情绪之中，甚至我们会认为自己时运不济，所有人都在针对自己。

当你不断地遭遇这些不开心的事情时，你会怎么做？有的人会随着心意发泄坏情绪，有的人会陷入自怨自艾中。无疑，坏情绪会干扰人们的正常生活，如果一直放任不管，就会让人们对未来失去信心。

学会情绪管理，是一件非常重要的事情。美国心理学家埃利斯提出的“情绪 ABC 理论”是一种十分有效的管理情绪的方法。对于“情绪 ABC 理论”，埃利斯这样解释：激发事件 A（activating event）只是引发情绪和行为后果 C（consequence）的间接原因，而引起 C 的直接原因是个体对激发事件 A 的认知和评价而产生的信念 B（belief），即人的消极情绪和行为障碍结果（C），不是由某一激发事件（A）直接引发的，而是由经受这一事件的个体对它不正确的认知和评价所产生的错误信念（B）直接引起的。

简而言之，就是当我们遭遇一件让我们产生坏情绪的事情时，并不一定是事情本身是一件坏事，而是我们对它的不正确认知导致了错误信念的产生。所以说，我们如果想要去调整自己的情绪，不应该在事情本身上浪费时间，而是应该去找自己究竟对这件事情产生了什么错误的认知。

比如说，做同样一件事情，有的人会成功，有的人则会失败。失败的原因并不是出在事情本身，而可能是他们的理解不够或者是努力的方向不对等。如果一味地去埋怨这件事情怎么这么困难，任由自己沉浸在消极的情绪中，人们很难理智地去分析自己的错误究竟出在哪里。

能够学会管理自己的情绪，对于个人发展而言十分重要。埃利斯曾经说过：“正是由于我们常有的一些不合理的信念才使我们产生情绪困扰。如果这些不合理的信念存在久了，还会引起情绪障碍。”

张岩在一家公司已经工作五年了，每天勤勤恳恳，兢兢业业，是上司眼中的好员工。

最近，公司的一个经理辞职了，公司决定从现有的员工中提拔一名当经理。基于以往的良好表现，张岩认为自己是这个岗位的不二人选。

然而，等到结果公布之后，上任的并不是张岩，而是平时一个表现没有他好、经验也不如他丰富的同事。张岩十分生气，对于这个结果表示无法接受，气冲冲地去找老板理论。但是，这并不能改变结果。

从这以后，张岩的工作积极性大受打击，他对于公司的不公平对待感到愤怒沮丧，工作的时候，也是敷衍居多。不仅如此，张岩还觉得自己的生活越来越没有意思。

有一天，张岩去赴朋友的约。朋友看着张岩无精打采的样子，便问他怎么了，张岩便把事情的经过告诉了朋友，并且愤怒地向朋友抱怨公司的不仁义。

朋友听完，笑着说道："我觉得这对于你而言，是一件好事情。"

张岩瞪大了眼睛，说道："这怎么还能够是一件好事呢？我都不想在这个破公司干了。"

"这件事情，如果单从你没有升上经理来看，确实不是一件好事。但是，正是通过这件事情，你明白了在这个公司里面，你已经没有了升职发展的空间，是时候换一家更大的公司了。及早地认清楚这个事实，对你难道不是一件好的事情吗？"

如果用"情绪 ABC 理论"来看，张岩符合公司的要求，但是另外一个同事成功当上了经理。这就是实际的事件 A。

张岩认为"这件事情，对自己是不公平的"，这种想法，就是想法B。

对此，张岩的一系列愤怒、沮丧，甚至对人生失去了信心的表现就是感受C了。

通常而言，事件A无法改变，不同的想法B就能够产生不同的感受C。在很多时候，我们的情绪往往都是由我们的思想支配的。在事件无法改变的情况下，如果能将消极的想法变成积极的，最后就能够形成积极的结果。

王平和胡凯下班约着去酒吧玩，在酒吧的吧台里，两人遇到了一个漂亮的女生。这个时候，女生朝着他们笑了一下。两个人一同看过去，女生则低下了头。

王平这个时候想："她一定是对我有意思，要不然不会一被我看就害羞地低下头，如果我一会儿过去找她聊天，一定能够和她成为朋友。"

胡凯的想法则和王平完全相反："这个女生一看见我就低下了头，肯定是对我没兴趣。唉，我就不去自讨没趣了。"

过了一会儿，王平鼓起勇气去和女生搭话，并且发现越聊越投机，两个人成了朋友。而胡凯，则因为担心放弃了这次机会。

根据"情绪ABC理论"，我们可以得出这样一个结论：当一件事情发生的时候，如果我们尽量朝着积极的方向去向，并且以积极的态度去对待，往往最后也会得到一个积极的结果。

"情绪ABC理论"，可以帮助我们去管理自己的情绪，使我们在遇到消极的事情时，往积极的方向去思考。它不但可以改变一个人的精神状态，而且可以让人更加容易获得成功。

Chapter *6*

# 正解情绪与压力的关系

## 压力真的是有害的吗

很多人，处在压力的情境中时很容易情绪崩溃。有的人会大声哭泣，有的人会大声厮喊，有的人甚至会做出让人意想不到的事情。在人们的眼中，压力是一件非常可怕的事情，有的人经受不住压力而心态瓦解，甚至患上了抑郁症。

美国曾经做了一项有关压力的调查，三万成年人同时被问道："你认为压力对健康有害吗?"研究人员通过对结果进行统计发现了一个不寻常的现象：那些表示自己压力比较大的志愿者，认为压力对健康并没有多大的影响，而且他们的死亡率比那些压力比较小的志愿者低。

哥伦比亚大学的心理学家艾丽娅·克拉姆曾经做了一个实验：

她招募了七家五星级酒店的服务员为志愿者，这些服务员除了平时打扫房间的工作，不会去刻意锻炼身体。

克拉姆设计了一组标签，将其中四家酒店服务员每日的工作，如打扫卫生、铺床、推行李车等折算成卡路里，并且告诉这些服务员，他们每日的工作量消耗的卡路里已经超过了卫生局局长建议的运动标准，对身体非常有益。

另外三家酒店的服务员则是对照组，克拉姆仅仅是告诉他们运动对于健康有益，但是并没有告诉他们他们的工作等同于锻炼。

一个月之后，克拉姆回访志愿者，发现第一组志愿者的体重和体脂率还有血压都有所下降，他们甚至更加喜欢自己的工作了。而第二组的志愿者则没有任何改善。

其实当我们感觉到压力的时候，大脑就会让身体产生与之相对应的反应。但是，伤害健康的往往不是压力本身，而是人们认为压力对自己有害的想法，这种想法导致人们形成了负面情绪。很多时候，你越是逃避，负面情绪越是强烈。最后，一旦你遭遇了挫折，第一时间想的不是怎么去解决问题，而是因为恐惧压力而被压垮。

事实上，人们并不是被压力本身压垮的，而是被想象出来的各种可能发生的坏结果压垮的。比如说，一个人要去参加一场对于他而言非常重要的考试，如果考砸了，他的人生可能就会发生不好的改变。因此，在备考的时候，他非常紧张，经常想象如果自己考不好该怎么办，不断地给自己施加压力。这样不仅导致他的身体状况越来越差，而且在各种压力之下他的考试果然考砸了。

心理学家将这种逃避压力从而导致更多压力产生的现象称为“压力繁殖”。一味地恐惧、逃避压力，不但不会让其消失，反而会让它不断累积，最终压制得你喘不过气来。

但其实，压力并不可怕，只是你没有正确地去认知它。甚至，在很多时候，压力能够帮助人们激发更多的潜力。

有的人在压力之下，会产生各种负面情绪，最后选择放弃。有的人在压力之下会莫名地找到行动的力量和勇气，在关键时刻，给予自己超人一般的能量，从而战胜困难和挫折。

我们完全不必因为压力而让自己的情绪失控。从某种程度上我们可以这样理解：压力可以挖掘我们身上的潜力，让我们变得更加强大。

当我们能够正确地理解压力之后，就会发现，在面对压力的时候，我们的大脑会比在没有压力时更加清醒，也会更加专注。为了让我们更加警觉，交感神经系统会指导我们全身聚集能量。然后这些能量便能够给我们带来非凡的能力，帮助我们完成各种梦想。

在美国俄勒冈州，有两个十岁的小女孩。有一天，她们回家的时候发现自己的父亲被压在了一辆三千磅重的拖拉机下面。在这十分危急的时刻，两个女孩徒手将拖拉机抬了起来，将被压在下面的父亲救了出来。

事后，有记者采访她们，问道："当时，你们哪里来的勇气和力气将拖拉机抬起来?"

两个女孩摇了摇头说道："我们也不知道怎么抬起来的，它太重了，但是我们就是做到了。"

其实这样的事情并不少见，之前网络上还有过这样一则报道：一个母亲领着孩子走在路上，孩子不小心脱离了母亲的手。这个时候，前面开来了一辆车，马上就要撞上孩子，这时候母亲爆发潜力，在零点几秒内冲过去将孩子救了下来。

有研究发现，人们在有压力的情况下，往往更能够取得成功。在没有压力的时候，人们往往会放松自己，更加倾向于得过且过，在生活中失去激情。

当代教育家魏书生先生，曾经在《班主任工作漫谈》中说过：“人的能力强都是工作多逼出来的，人的铁肩膀都是担子重压出来的。工作挑轻的，力气是省了，但是增长力气的机会也就错过了。”

如果你为了追求舒适的生活，一味地逃避压力，推卸各种挑战和责任，从表面上看，你占了很大的便宜，没有压力逼迫，你每天都过得舒服快乐。但是，从长远来看，这无疑是在自毁前程。因为没有压力洗礼，人们的能力就很难获得增强。如果缺少了压力，就会让我们失去了发挥自己潜力的可能，失去了变得强大的机会。

所以说，压力并不完全对人们的身体健康有害。与之相反，压力是人生中不可或缺的一部分。也许，过多的压力会让我们产生一些负面情绪。但这个时候，我们不必害怕，更不需要逃避或者放弃。我们第一时间要做的就是用正确的方法去放松自己，让自己一直绷紧的神经松一松弦，并告诉自己，没有什么大不了的，一切都会过去的。

## 一切痛苦，都是对自己无能的愤怒

很多人抱怨：生活这儿也不好，那儿也不好，活得实在是太痛苦了。并且，因此产生愤怒、失望等负面情绪。其实，这是一个人悲观和不自信的心态导致的。一个乐观积极的人，总会看到生活阳光的一面，他们总会看到已经拥有的东西，而不是缺失的东西。

人性的弱点决定了，当人们的希望或者愿望达成的时候会觉得高兴。但是，当人们的原本的期望落空，形成的心理落差就会让你对现有的状态产生不满。尤其是，当你看到别人活得幸福美满时，彼此的差距会让你感觉到更加失望，甚至不断地进行自我否定。

其实，生活中的痛苦，很多时候都是对自我行为不满的一种表达。正如著名作家王小波说过的："人的一切痛苦，本质上都是对自己无能的愤怒。"你对某件事情无能为力，于是便会产生各种负面情绪，以此来发泄或者是转移自己的"无能为力"的本质。

电影《西西里岛的美丽传说》的女主角玛莲娜是一个非

常美丽的女人，她的美丽被异性欣赏，却被同性嫉妒。

影片中的女人，因为嫉妒玛莲娜的美丽，在战争期间不断地散布谣言诋毁、诽谤她。甚至，通过间接的破坏行动去贬损玛莲娜。

当战争胜利之后，全城的人陷入了狂欢之中。玛莲娜换了发型，穿上了性感的衣服。城中的女人对此更是看不惯，她们将压抑了许久的想要毁灭美丽的欲望尽情地发泄在了玛莲娜的身上。为了衬托她们的“贞洁”，她们甚至诽谤玛莲娜是“妓女”。

在这个过程中，城中的女人活得并不幸福。虽然她们在尽情地诋毁玛莲娜的当下获得了快感，但是，从另一个方面来看，她们的行为恰恰暴露了她们潜意识里认为自己不如玛莲娜的想法。也正是因为这个认知，她们才会想要通过各种手段去毁了对方。为此，她们陷入了嫉妒的煎熬之中，不但伤害了别人，也让自己陷入了痛苦之中。

很多人觉得生活痛苦的时候，并不会在自己的身上找原因。尤其是在失败的时候，他们喜欢为自己找各种借口，或者将失败归咎在别人身上。比如说，当你要完成一个任务的时候，努力了但最后失败了，并且你遭到了上司的批评。这个时候，你并没有反省自己在其中犯的错误，而是为自己的失败找各种借口，比如同事没有努力地配合你、找的资料不全、公司的网速太慢、客户要求太多等。

当一个婴儿对于事情无能为力的时候，便会通过大哭这种方式来表达自己未被满足的愤怒。所以说，愤怒本就是人们拥有的一种原始的情绪。随着成长，人们意识到愤怒的负面影响，开始有意识地控制自己的情绪。然而，当越来越多的失败累积在一起，情绪到达了一个极点之后，人们便会选择去宣泄。这不仅仅是自己无能的表现，更会招致别人的厌恶。

人们在愤怒的时候，往往会出现两种情绪：自责和焦虑。即你为当下的情境惶恐并且不断地自责。聪明的人，在面对愤怒时，能够学会去掌控情绪，并且寻找出愤怒背后的意义。而有一些认知低的人，则只会关注愤怒本身。

亚里士多德曾说："每个人都会发怒，这很简单。但向恰当的人，在恰当的时间，以恰当的动机、恰当的方法，表达恰当程度的愤怒，并不是每个人都能做到的事情。"

当察觉到自己的愤怒的时候，你要做的并不是去尽情地宣泄，而是通过自己的愤怒点认识到自身的不足。

俄国哲学家车尔尼雪夫斯基曾经说过："愤怒是无能者的安慰。"当你遭遇了不平之事，因为没有能力去解决，所以才会期望通过愤怒来表达不满。

有一天，季羡林先生约臧克家先生一起去一个小饭馆吃饭。两人边吃边谈，正吃得高兴。忽然，邻桌的一个孩子摔倒了，他的母亲并不在他的身边，孩子躺在地上哇哇大哭起来。

季先生觉得孩子哭得可怜，于是便起身去安慰小孩。恰好，孩子的母亲赶到，看到孩子哭得可怜的样子，气愤地指着季先生的鼻子骂道："你这么大一个人，竟然欺负一个孩子，真是太过分了。"

臧先生听闻，忍不住想要起身反驳。季先生拉住他，并且慢慢坐回原位。剧情并没有按照女人的设想发展。周围吃饭的人纷纷指责母亲，并且要求她给季先生道歉。季先生摆了摆手，并没有计较，继续吃自己的菜。

这时候，臧先生问道："她冤枉你，还那样骂你，你为什么不争辩？难道你不生气吗？"

季先生笑着回道："事情究竟是怎么回事，大家都明白。我不需要反驳，也不需要愤怒，公道自在人心。"

对于愤怒，心理学家曾言："愤怒，可以帮助人们迅速转移对'自我失败'的关注，是一种对自身压力的发泄。"然而，这种发泄并不能够从根本上解决问题，只会使"无能"更加根深蒂固。

久而久之，你就会发现自己的能力没有增长，脾气反而越来越大，并且会形成一个恶性循环。更有甚者，愤怒只是推卸责任的一种手段。所以，当你因为"生活的不公"而感觉到痛苦、愤怒的时候，你要做的并不是一味地去宣泄心中的不满，或者推卸责任，而是要控制好自己的负面情绪，理智地弄清楚自身的不足，并且去改正它。如此，你就会发现，原先让你烦恼的事情，其实并没有什么大不了的。

## 你是否患有心理疲劳症

“我实在是太累了”，经常被人们挂在嘴边。很多人会因为各种压力而感觉到浑身酸软无力，动都懒得动一下。其实，这就是心理疲劳的表现。

所谓“心理疲劳”，就是一个人长时间连续地工作，导致肌体能量过度消耗，产生不同程度的生理疲劳的现象。如果神经系统高度紧张或者长时间从事单调、厌烦的工作，那么人们很容易产生厌倦情绪，甚至对人生失去兴趣。

心理疲劳还会对人们的身体健康产生危害，比如让人心烦意乱、精疲力竭，引发神经衰弱、头痛、耳鸣、记忆力下降、失眠等症状。更甚者，还会引起心因性疾病。

其实，出现心理疲劳的人大多都是脑力工作者。并且，它潜伏在人们的身边，经常被人们忽视，一点点地累积，等到达了一定的数值之后，便会马上爆发出来，让人们措手不及。

人们要警惕心理疲劳的产生。不过，你并不需要为还没有发生的事情惶惶不可终日。事实上，很多时候，在出现明确的心理疲劳之前，人们会出现某些症状。

当你一直做一件事情的时候，频繁地抱怨，并且对生活和工作无所适从，这就是出现心理疲劳的一个信号。

当你工作的时候，面对了很大的压力，工作效率便会大幅度下降，你只喜欢一个人待着，不喜欢和别人交往，这也是心理疲劳产生的信号。

当你认为你现在做的事情并没有什么太大的意义，并且出现了总是失眠，上一刻发生的事情，下一刻就会忘记，不喜欢明亮的地方等症状的时候，你应该警惕你已经出现了心理疲劳的症状。

王芳最近在一个社交网站上注册了一个账号，她找了一个很好看的头像，因此吸引了不少人前来搭讪。

王芳很高兴，这样就可以花费很少的时间来拓展自己的交际范围，可以认识更多有趣的人了。

然而，不久烦恼就来了。网站除了吸引了很多有意思的人，也吸引了很多无聊的人。王芳每天都要花费半个多小时的时间去删除各种无聊的聊天记录。还要花费大量的时间和精力去评估这个人是否和自己志趣相投，人品怎么样……

通过了对方的申请之后，为了获得对方的好感，维持自己在陌生人心里的形象，王芳每次说话都要经过深思熟虑，每次发动态都要斟酌许久。当有人找她聊天时，为了不让对方感觉到无趣，王芳不断地找一些有趣的话题，小心翼翼地说话。

没几天，王芳就感觉到无比疲惫，这样的网络社交，甚至让她对人生都提不起兴趣来了。意识到自己出现了“心理疲劳”的症状，王芳及时停止了上网。

心理学家认为，心理疲劳产生的原因，主要是人们对于当前工作产生了厌倦。比如说，有的人忙完一天的工作，明明应该觉得充实。但是结果恰恰相反，他只觉得疲惫与烦躁。还有的人，每天都忙忙碌碌，但是感觉真正有价值的事情并不多，虚度光阴，难免会感到空虚。还有的人，每天都有很多事情要做，但是一天结束之后，又觉得什么事情都没有做成……

在职场上，这些现象经常见到。究其原因，与人们在工作的时候，获得的成就感和价值感低有关。很多人只是将工作当成自己的一种谋生手段，而不是自己喜欢的事情。此外，过于繁杂的人际关系也会让人们产生烦恼。当你和朋友、同事或者是家人发生冲突时，就会被不同程度的负面情绪困扰。

心理疲劳，从本质上而言，其实就是情绪疲惫，活得很累。研究发现，人的心理活动有一个很明显的特点：如果长时间做一件事情，就会进入疲倦期。这个时候，如果换另外一件事情做，便能够打破疲倦，为自己重新带来新鲜感。如此，头脑便能够比较长久地保持活跃的状态。

马丽每天都活力四射，过得很快乐。朋友们很少听到她抱怨，仿佛生活中的一切都让她感到有趣。

有一次，一个朋友向马丽抱怨生而为人是多么无趣，日复一日做着差不多的工作，已经忘了刚踏入社会的时候意气风发地追逐梦想的样子。

朋友问："马丽，这么多年你怎么还能一直保持着积极快乐的心态，有什么秘诀吗?"

马丽笑了笑说道："其实并没有什么了不起的，以前我隔一段时间便会换一个目标，并且在完成一个目标之后，我会选择另一个并不相同的目标。让自己对生活时时保持新鲜感，就不容易疲乏。”

人们长期处在压力的环境之下，很容易出现心理疲劳的症状，并且会对情绪产生很大的负面影响。如果一直放任不管，人们很容易陷入负面情绪中，无论做什么都没有激情。所以，人们不可忽视心理疲劳的存在，要保持一个健康的情绪状态，这样才能够找到生命的意义。

## 目标管理，战胜压力的独门绝技

“这件事情实在太难做了，我熬了好几个晚上都没有做出来，头发掉了好几把。”

“我的压力太大了，完了，我肯定完不成这个目标。”

“我现在每天晚上都失眠，这日子什么时候是个头？”

……

压力是随处可见的，是伴随着人们成长的东西。尤其是人的年龄越大，承受的压力就会越多。有一些人甚至会因为压力大，承受不了其重，滋生各种心理疾病。

研究发现，过多的压力会让人们陷入负面情绪之中，产生各种消极的想法。而过多压力的产生，与不清晰或者是不符合实际的目标有着很大的关系。

爱因斯坦是二十世纪世界上最伟大的科学家，他取得了世人瞩目的成就，这与他一生的目标是紧密相连的。

他出生在德国一个贫苦的犹太家庭，家庭经济条件不好，加上自己小学、中学的学习成绩平平，虽然有志向科学领域进军，但他有自知之明，知道必须量力而行。他进行自我分析：

自己虽然总的成绩平平，但对物理和数学有兴趣，成绩较好。自己只有在物理和数学方面确立目标才能有出路，其他方面是不及别人的。因而他读大学时选读瑞士苏黎世联邦理工学院物理专业。

由于奋斗目标选得准确，爱因斯坦的个人潜能就得以充分发挥，他在二十六岁时就发表科研论文《分子尺度的新测定》，以后几年他又相继发表了四篇重要科学理论，发展了普朗克的量子概念，提出了光量子除了有波的性状外，还具有粒子的特征，圆满地解释了光电效应，宣告狭义相对论的建立和人类对宇宙认识的重大变革。取得了前人未有的显著成就。

人们有了目标之后，就有了前进的方向，在前进的路上，就不会茫然。但是，如果制定的目标不合理，不但会给人们的生活带来混乱，而且会给人们增加很多压力。

那些经常抱怨压力过大的人，其实就是没有一个明确的目标或者说是制定的目标不合理。当你经过很长时间的努力，目标依然没有完成的时候，你就会陷入焦躁、恐慌之中。并且，你会产生自我怀疑："为什么我完不成这个目标，是不是因为我的能力不够?"然后，你会不断地给自己施压，最后被压力压垮。

为自己确立一个明确的目标，在很多时候能够将压力控制在一个适度的范围之内。你羡慕那些成功人士，希望自己也能够拥有一番事业，于是，你为自己制定了远大的目标，拼尽全力地朝着这个方向努力。但是，你忘记了审视这个目标于你而言是否合理。还记得之前网上流传的一句话："为自己定一个小目标，先赚一个亿。"然而，这个目标如果应用在普通人身上，难免太过不切实际。

你要学会将自己的目标管理好。不要给自己制定一个根本无法完成的大目标，而是先制定一个又一个比较容易完成的小目标。当这些小目标被完成之后，你就会发现那个大目标在不知不觉中已经被完成。

在这个过程中，你会随着小目标的完成，越来越有成就感和信心，你不会再惧怕压力，还会在压力地激励下，付出更多的实际行动，更快更好地去完成自己的目标。

有一个保险推销员给自己定下的目标是一年赚一百万，随着时间的过去，他的压力越来越大，每天一想到工作，情绪就非常低落。

有一天，他问他的师父："师父，我应该如何去完成我的目标呢?"

师父问道："一年赚一百万，你相信自己能够做到吗?"

推销员点了点头，说道："只要我努力，那就一定能够达成。"

师父继续说道："那我们来看看，为了完成这个目标，你要做多大的努力。根据规定，你想要赚一百万，就要达到三百万的业绩。也就是说，一个月你至少要完成二十五万的业绩，换算到每一天，就是八千三百元。那么，你每天要拜访多少个客户，才能够完成这个目标呢?"

推销员想了想，说道："每天大概要拜访五十个人。"

"也就是说，这一年中你要拜访一万八千个客户，并且他们都要投资，你才能够完成这个目标。那么，现在你有一万八千个A类客户吗?"

推销员摇了摇头。

“如果要发展客户，你就要去拜访一些陌生人，平均每个人你要谈多长时间？”

“至少二十分钟。”

“那要拜访五十个人，每天就至少要花费十六个小时与客户交谈，这还没算路途上的时间，你觉得自己能够做到吗？”

推销员恍然大悟，说道：“师父，我明白了。制定目标并不是凭空想象，而是要根据自己的实际情况来。”

制定工作目标的时候，如果你一味地只管远大而不考虑实际问题，就会在无形之中给自己增加很多的压力。所以说，你制定的目标，一定是你现阶段可以实现的，并且符合实际，可以让你一步一个脚印地去完成。这样，才能够在完成目标的同时，减轻自己的压力，树立强大的信心。

## 管理你的精力，告别力不从心

有的人经常感叹时间飞逝，有很多事情还没有做完，时间就已经过去了。每天忙忙碌碌，不但将自己弄得身心俱疲，还没有获得成果。

其实，并不是你不优秀，只是你分散了精力而已。每个人的精力是一定的，你用所有的精力去做一件事情和用所有的精力同时去做三四件事情，得出来的结果明显是不同的。

王琦已经毕业一年了，成了一家网络公司的职员。她有一颗不甘于现状的心，在这一年中，她每天都非常忙碌。除了做好本职工作之外，王琦还在网上报了一个英语班和一个会计班。

她迫切地想要提升自己的能力，认为现在的工作只是一个跳板而已。她希望在这一年中能学会更多的东西，然后凭借自己的能力，跳槽到一个大公司中。

然而，事情并没有朝着王琦设想的方向发展。她不仅连本职工作都没有做好，经常被上司批评，英语也没有学好，会计证也没有考出来。

不但如此，王琦除了上班就是学习，根本没有空闲时间，也没有时间打理人际关系，所以和同事的关系也不好。而且，因为常常学习到深夜，她整个人看起来非常憔悴。甚至，因为学习和工作的压力太大，王琦还经常出现头晕、记忆力减退的症状。

很多人喜欢将自己的精力分成好几部分，同时去做好几件事情。比如，想要学会计，想要学编程，想要学画画……将自己的时间安排得满满的，到最后却发现，一件事情都没有完成。

很多人都会走入一个误区：想要提高自己的工作效率，就只需要管理好时间。其实，除了学会管理自己的时间，我们还要学会管理自己的精力。

研究发现，随着人们的成长，个人的精力是在不断下降的。我们可以发现，小孩子的精力仿佛是无穷无尽的，他们每天都活力四射，即使连续玩好几个小时，依然精神百倍。但是，成年人非常容易累，经常只做一件事情就感觉到疲惫。虽然成年人的精力不如小孩子的旺盛，但如果管理得当，成年人也能让自己每天精力充沛。

有人曾说过："精力管理是更有效的生产力。"想要学会管理精力，你首先就要明白自己的精力来源。研究表明，人的精力通常来源于体能、情感、思维、意志四个方面。通俗地来讲，体能就是多锻炼、多休息；情感就是尽可能地让自己心情愉悦；思维就是对人生充满美好的期待；意志就是制定目标，将其变成具体可执行的小目标。

如果你能够从这四个方面着手去管理精力，就能够取得事半功倍的效果。

在朋友们的眼中，张欢总是一副精力旺盛的样子。他走起路来抬头挺胸，说起话来也是中气十足。和他相处，自己的心情也会变得好起来。

张欢的工作效率很高，他在公司中非常受老板重视。有一天，其中一个朋友问他："为什么你无论做什么事情，都能保持这么旺盛的精力，好像从来都不会累？"

张欢笑着说："Work hard，play hard。意思就是工作的时候要拼命工作，玩耍的时候要尽情地玩耍。只有休息好了，你才有充足的精力投入到工作中。当然还有更重要的一个秘诀就是，要分清楚轻重缓急。"

朋友疑惑地问道："这是什么意思？"

张欢说："人生是由无数的事情组成的，但是有一些事情对于我们来说非常重要，如果不做可能会产生很坏的影响。有一些事情，即使我们当下不做，对我们也产生不了多大的影响。工作也是如此，如果你将精力放在那些不必要的事情上，忽略了重要的事情，那么你的工作效率肯定会很低。"

朋友听完，若有所思地点了点头。

斐洛斯特拉图斯曾经提出这样一个理论："通过运动和休息的交替，可以最大限度地提高表现。"同样的道理，在工作的时候，如果你想要一直保持精力旺盛，那么就不能一直把自己当作机器人，不停歇地工作。而是应该在感觉到疲乏的时候休息一下，给自己充好电，等待着下一场工作冲刺。

精力管理不仅能够提高你的工作效率，更能够在生活的各个方面影响你，让你能够采取更简洁、全面的思维去解决问题。

我们可以发现，喜欢锻炼的人往往精力旺盛，并且拥有一个清醒的头脑。你可以为自己制定一个适度的锻炼计划，这样不但可以让你的身体更加健康，还可以让你每一天都保持充沛的精力。

当你对一件事情有了积极的期待时，你会发现，即使它很困难，你依然喜欢并且积极迎接挑战。但是当你被负面情绪围绕时，你的意志消沉，不论做什么事情都提不起干劲儿，总是想要放弃。所以，想要每天保持充沛的精力，你就要消除自己的负面思想，寻找事情积极的一面。

在你学会管理自己的精力之后，你就会发现以前那些让你力不从心的事情并没有什么大不了的。只需要一个小小的改变，你就可以每天都保持充沛的精力，迎接未来的各种挑战。

## 跑步，在我状态最差的时候拯救了我

在社交媒体中，刮起了一股“跑步”的风。很多人见面的时候，不再是单纯地说“你好”“吃了吗?”这种没有含义的交际用语，而是问：“今天你跑了多少公里?”很多跑步的照片更是刷爆了微信朋友圈。

不只是普通人，那些名人和企业领头人也摇身一变，成了商界的“跑男”“跑女”，比如SOHO中国的董事长潘石屹、Facebook首席执行官扎克伯格、股神巴菲特等。他们经常会在社交媒体上晒各种跑步照片或者是跑步的成绩。

跑步已经成了“全民运动”，很多喜爱跑步的人说，跑步让他们有了新的改变。

网络上曾经有一篇名为《陈年：凑热闹的公司都会烟消云散》的文章，该文章引来了众多网友的关注。文章提到凡客在转型时期面临着失败，包括凡客的老总陈年在内的所有人都动摇了。

甚至，因为过多的压力，陈年的身体健康状况摇摇欲坠。然而，他最终坚持了下来。让他坚持下来的原因有两点：一个是雷军的无条件支持，另一个就是跑步。

对于跑步，陈年曾说过以下这样一段话。

“在那段时间，每天坚持跑步对于我的帮助很大。我每天都要跑十公里以上。在这个过程中，释放的多巴胺极大地稳定了我的情绪。当你一旦开始跑起来，你就会发现：要么继续跑下去，要么人生完蛋；要么坐在那儿长吁短叹，要么坚持下去，情绪就会变得健康无比。”

《让大脑自由》一书提到了“运动可以让我们的大脑更好地去运转”的原理：

“运动可以使更多的血液流向大脑，为大脑带来丰富的能量——葡萄糖，同时还能带走氧气吸附遗留下来的有害电子。”

也就是说，当你在跑步的时候，你的血液会变得更加活跃，以此来刺激大脑形成新的细胞。新旧交替之后，你就会觉得大脑更加清醒。

著名的小说家村上春树在刚成为专业小说作家的时候，为了寻找灵感，每天抽将近六十支香烟。而且，他的身体是那种易胖体质。不规律的生活作息时间和不好的生活习惯很快就把他的身体拖垮了。

为了能够继续做自己喜欢的事情，村上春树开始跑步。从三十三岁开始，风雨无阻，他坚持了三十五年。每一年，他都会至少参加一次全程马拉松，曾经获得了三点二七小时的好成绩。跑步不但改变了他那愈加变差的身体健康状态，而且使他在创作的时候保持着清醒的头脑。

他曾在《当我谈跑步时我谈些什么》一书中写道：“我从

1982年的秋天开始跑步，持续跑了将近23年，几乎每天都坚持慢跑，每年至少跑一次全程马拉松，算起来，迄今共跑了23次，还在世界各地参加过无数次长短距离的比赛。跑长距离原本与我的性格相符合，只要跑步，我便感到快乐。迄今为止在我的人生中养成的诸多习惯里，跑步恐怕是最有益的一个，具有重要意义。我觉得由于20多年从不间断地跑步，我的躯体和精神大致朝着良好的方向得到了强化。”

潘石屹对于跑步也有着自己的执着，甚至将“能否坚持长跑”当作招聘员工的考量之一。很多人还在睡梦中时，潘总已经跑步回来，并且将自己的成绩和跑后的照片分享给了粉丝。即使出差，他也不会耽误自己的跑步大业。

对于跑步，他说：“闲时要跑步，因为有时间。忙时要跑步，可以放松减压。高兴时跑步，让人更高兴。沮丧时跑步，让人高兴起来。”

并且他还带着自己的夫人一起跑步，两人经常在微博上大喊：“跑完后好有幸福感！”

在经常跑步的人身上很难看到沮丧，他们的精神状态往往是积极向上的，他们充满了正能量，并且能够影响到身边的人。

周末一大早，刘倩在朋友圈晒出了一张跑完六千米的照片，整个人看起来与她背后的田野一样神清气爽。

以前的她每天除了工作就是刷剧，过得昏昏沉沉的。后来，她和住在一起的同事相约一起出去跑步。虽然中途想过放弃，但是习惯了之后，她发现心情变好了很多，大脑变得清醒了，工作效率也明显提高了。

有的人抱怨：我也喜欢跑步，并且也想要跑步。但是，一想到跑步后那么累，就会打退堂鼓。

这种想法，出现在很多人身上。跑步太累，跑步后的第二天会浑身酸疼，并且这种酸疼会持续好几天，这些状况让很多人对跑步望而却步。其实这是你的跑步方法不对造成的。

潘石屹的夫人张欣曾经高度赞扬了跑步这项运动："在室外跑步，不仅你的腿动，心脏跳动快，你的皮肤、眼睛、耳朵、鼻子，你所有的感觉功能都被调动起来，是全身心的运动。"

在一开始跑步的时候，她也不喜欢，一跑就胸口疼。后来，她的一位长期跑步的朋友告诉她一些跑步的秘诀，这些秘诀既使她锻炼了身体，又使她避免了因为错误的跑步方法而受伤。

她的朋友说道："跑步的时候，不要用鼻子呼吸，要用嘴呼吸。呼吸的时候，吸两口呼一口，这样才会有足够的氧气，不会因为喘不上气来而想要放弃。在脚落地的时候不要用脚跟，尽量用脚的前半部分。在想要放弃的时候，坚持下来，过一会儿你就能够发现，身体又突破了一个极限，你能够继续跑步了。"

当你掌握了正确的跑步方法之后，坚持二十三天，形成一个周期，你就会发现你的身体已经习惯了跑步，并且已经开始享受跑步所带来的各种好处了。

## 失眠，是身体内在智慧对你的提醒

“一只羊，二只羊，三只羊，四只羊……一千只羊……”

深夜，你躺在床上，在床上辗转反侧很长时间，却依然睡意全无，用最经典的“数羊”方法，反而越数越清醒。有时候，失眠的确是一件非常令人焦虑的事情。就像你的购物快递永远都在路上，即使再怎么催促，却依然不见新的物流信息。

其实，你并不需要因为失眠而恐惧。在很多时候，失眠是身体内在智慧对你的提醒。造成失眠的很大原因，在于你的压力太大。

这并不是无稽之谈，美国睡眠医学研究所曾经做过一项研究，最后得出的结论表明：压力会导致失眠，并且它在睡眠中扮演着重要的角色。

你失眠了，这表明，你所遭受的压力已经超过了警戒线，你需要通过放松来排遣压力所带来的负面情绪。

电影《重庆森林》中，梁朝伟扮演的警察633在刚失恋的时候，每天都很痛苦。想到女朋友，他整夜整夜地失眠。

后来，633发现，每天晚上和前任留下的物件说说话，他就能够睡着。

有时候，他会对着肥皂和毛巾喃喃自语，有时候也会和女朋友留在角落里的玩偶对话。每一次对话，心中的阴郁宣泄之后，他就能够再次进入美好的睡梦之中。

当你陷入失眠的焦虑之中时，不妨找一些可爱的或者是有趣的小物品来转移一下自己的注意力。比如说，当你不好意思对别人倾诉自己的烦恼时，可以找一个自己喜欢的娃娃，对它尽情地倾诉自己的烦恼。当压力被宣泄之后，失眠就会不治而愈。

莫言曾在他的作品《蛙》中说过这样一句话："只有失眠的人，才知道睡不着是多么痛苦，也只有失眠过的人，才知道睡着了是多么幸福。"

充足的睡眠，能够让人一天的心情都很好。因此，越发有人厌恶失眠的存在。尤其是在职场上的人，因为繁重的工作和过多的压力，很多人都患有失眠。但是，不管失眠能够给你带来多少痛苦，当你能够正确理解它的时候，就能够明白它是一件难能可贵的礼物。

在安静的深夜，你无法安睡时，你就能够更加深刻地去了解自己。失眠能够帮助你发现更多隐藏在内心深处，悬而未决的心理问题。很多人在遭遇失眠的时候，往往会十分焦躁不安。

其实，并不必如此。一个人睡不着的时候，就是离最真实的自己最近的时候。你睡着的时候，也许会庄周梦蝶。你失眠的时候，先不要急着抱怨自己倒霉，用清醒的大脑去反省己身。这个时候你就能够发现，白日里原本无懈可击的自己，内心中已经积压了过多的不满和遗憾。

我们经常说："当你有了心事的时候，你就会难以入睡。"比如说，著名主持人白岩松，因为主持2000年悉尼奥运会直播获得了巨大的成功。但是在荣耀加身的同时，他感受到了巨大的压力，并因此患上了失眠症，体重从八十公斤降至五十五公斤。

当失眠被治愈之后，白岩松说道："每个人都会遇到自己的瓶颈期和低谷期……往往在我被别人认为是达到一个峰顶的时候，就是我最沮丧的时候。"失眠帮助他更清醒地认识了自己。

有时候，一个人经常失眠，其实也是内心自卑的一种表现。比如说，你明天要参加一个重要的会议，并且还要在会议上进行演讲。尽管已经进行了充足地准备，但是担心发挥不好，你紧张地无法进入睡眠。

你认为你的失眠是压力过大导致的，这只是其中一个原因，还有一个重要的原因在于你的不自信。精神科医生贝兰·沃尔夫曾经说过："失眠症是自卑者最容易表现出来的病症之一。"

加藤谛三曾经写了一本叫《写给失眠者的心理学》的书，他在书中这样写道："有自卑感的人，从小就觉得是因为自己不够优秀而不被大家喜欢……今天的失眠不是因为昨天发生的事情，有可能是十几年的生活方式才导致了今天失眠的你。"

当你失眠的时候，也许是因为某一天，你在心中埋下了一颗自卑的种子。繁杂的日常使你并没有发现它。然而，如果这个问题得不到解决，那么很可能它会在日后的生活中影响你的发展。于是，失眠为你敲响了警钟。

孙倩很喜欢跳舞，她每天努力练习，希望能够考个舞蹈教练证。两年前，孙倩报考过一次，但是因为一个失误，考试没过。

这一次，越是临近考试，孙倩越是紧张，每天晚上翻来覆去地睡不着。

有一天晚上，孙倩再次对自己催眠失败，在大脑越来越清醒的时候，脑海中忽然想到之前看过的一本有关失眠的书。孙倩心想："我究竟为什么会失眠？难道仅仅是因为我的压力太大吗？不，是因为我害怕失败。"

想到这里，孙倩将自己的心理分析了一遍，并且随手记录了下来。她想起之前失败的地方，再也躺不住，起床放起音乐，翩翩起舞，完美地跳了一遍。

找到了问题所在，孙倩放下心来，之后再没有失眠过，并且顺利地考到了舞蹈教练证。

很多时候，你越是自卑，为了获得他人的认同感，越会给自己施加压力。那样只会造成一个结果：失眠。

在你失眠的时候，不要焦虑，更不要惶恐，它同样能够帮助你发现自身存在的问题。

所以，坦然地接受失眠，将它当成是一份迟来的礼物，并且学会放松自己，找到正确排解压力的途径，就能够再次进入美好的梦乡。

## 卸下完美的负担，轻松迎战职场压力

在看《奇葩说》第四季的时候，偶然间听到这样一句话："追求完美让事情无法开始。"这句话很有道理，而且越是追求完美，越会拥有压力。

在职场上，很多人都抱怨工作压力大。但是，他们忽视了自己本身就是完美主义的追求者。很多工作压力，都是太过追求完美造成的。

一篇名为《追求完美重要，还是按时完成重要?》的文章，写过一个关于锤子手机老总罗永浩的故事。

罗永浩在做锤子手机的时候，力求将手机做到完美。所以，在细节方面，他精益求精。最后，导致了产品上市比竞争对手晚了半年。

文章这样写道："如果秉着事后诸葛亮的态度来看，无疑罗永浩犯的这些错误都是可以避免的。但是，从个人角度出发，罗永浩很难平衡追求完美产品和按时发布产品之间的矛盾。在我看来，不管做什么事情都要设定一个 deadline（最后期限）。"

在职场上，如果一直追求完美，很容易陷入消极情绪之中。荷兰曾经对六千名心脏病患者进行了研究，结果发现，完美主义者更容易情绪消极，他们患心脏病的概率也是乐观者的三倍。而且，在心脏病患者中，完美主义者的康复速度比乐观者更慢。

追求完美的人，在做事情的时候总是绷着一根弦，不允许或者是害怕自己出现一点儿失败。因此，他们往往给自己极大的压力。在这种压力下，他们做事情的时候，往往在还没有开始之前，就会在脑海中产生“这件事情会不会做成”“如果我失败了，那多没面子”等想法。他们往往在犹豫中失去了做事情最好的时机，导致事情失败，或者说没有得到最好的结果。

其实，不论什么时候，完成比完美更加重要。当你在工作的时候，不去追求完美，而是在规定的时间内尽自己的努力完成工作，并留给自己足够的时间去检查修改。你就会发现，这比你在工作的过程中追求完美，希望任何细节都万无一失获得的成效更好。

在职场上，没有人是“全优生”。每个人都会犯错误，即使是成功人士也不例外。他们和普通人唯一的区别就在于，犯了错误能够及时改正，保证不会再次犯错。

很多追求完美的人，做事情喜欢拖延，从本质上而言，这是他们害怕犯错误的体现。因此，他们经常会完不成自己的工作，并且把自己搞得精疲力竭。你要知道，工作没有完成，就不会有好的结果。比如说，你的客户想要你写一个企划案，你为了做到完美一直反复修改，到了最后期限，你依然没有做完。即使你的想法再完美，依然不能够获得客户的满意。

所以说，不要一味地追求完美，工作的时候将完成放在首位，别人才能够明白你要表达的是什么。而且，在工作中追求完美，不但会给自己带来繁重的压力，而且还会使自己养成拖延的坏习惯。当你卸下完美的重担之后，你就会发现原来那些自认为的压力其实都是庸人自扰。

齐颖最近的工作状态越来越轻松，不再一味地追求完美，允许稍微差一点儿的存在。一段时间之后，齐颖发现，自己的工作效率更高了，和同事之间的关系也越来越融洽。

三个月前，齐颖还是一名事事追求完美的小文案。为了做出一个完美的文案策划，她每天熬夜，能够做出七个不同的版本，然后从中选出最完美的一个。

有时候，工作只是出现了一点儿问题，齐颖便惶惶不可终日，认为自己永远也做不出好的东西。这不但限制了她的思维，还使她常常对自己产生怀疑。

为了完成工作，齐颖只能不断地压榨自己的时间，有一次为了赶一个策划案，熬了好几个通宵，她最终将自己累进了医院。

出院之后，齐颖就想："什么事情都做到完美反而累坏了自己，这有什么意义呢?"

从这以后，齐颖终于对完美妥协了。这个时候，她发现即使工作上出现了一点儿不和谐的地方，也不影响整体效果。而且自己有了更多的时间去做喜欢的事情，一直被工作压力困扰的她也有了喘息之地。

很多职场人士都把完美定义为自己的终极目标，并且持续不断地朝着这个方向努力。但是，你在工作之前为了完美做了无数的准备，始终没有真正去行动，最后的结果依然是零。

有一个老板曾经对自己的一个员工说道：“你做再多的准备，如果始终没有呈现出来，那就等于零。不管你追求什么样的结果，你要先写出来才可以。”

员工得到启发，写完之后拿给老板看，老板说道：“你这只是在堆砌材料，没有丝毫的逻辑。”员工再次拿回去修改，老板又提出了新的建议。然而，在原有的基础上修改，要容易得多。反复两三次，一个完美的企划案就写出来了。

在职场中，不过于追求完美，就是代表你能够接受失败的自己，并且将失败当成进步的机会。

过于追求完美的人，在做某件事情时，一旦遭遇失败，就会不断地给自己施加压力，心理很容易崩溃。这对于个人发展没有任何的益处。放下完美的重担，你就能够正确认识自己的失败，接受失败并以此为戒。这样，你才能够不断地提升自己的能力，不断地改进自己，让自己更加趋向于完美。

## 放弃那些不切实际的期望

当你给自己设定一个高目标时，一旦目标被现实击碎，渴望的无法得到，失望和绝望就会像“黑云压城”一样向你袭来，你会产生受骗的感觉，甚至会对自己的能力产生怀疑。正所谓“期望越大，失望就越大”，过高的期望，不会给你带来快乐，反而会让你陷入负面情绪中。

1964 年，北美著名心理学家和行为学家维克多·弗鲁姆曾提出过一个“期望理论”，弗鲁姆认为，人在进行某项行动之前都会对该项行动的结果进行评价，评价之后会得出一个期望值，而人在行动中所需要的动力或激励力就跟这个评价值有关。

所以说，有了期望其实是一件好事，它是你前进的动力。王中永曾经说过：“期望，往往代表着你对于某件事情有热情，有激情，有付出，有行动。但是如果你定的目标过高，其结果不尽如人意，那么你会失望、失落，久而久之，你的自信大打折扣。”

人们的期望值与行动力之间的关系，往往呈现出抛物线的模式。在抛物线的顶点之前，期望值越高，人在行动中的动力或激励力也就越高。但是到达顶点之后，人在行动中的动力或激励力会随着期望值的增高而降低。

当你给自己定了一个过高的目标，满怀激情和信心朝着这个目标努力时，如果你不论怎样努力都无法完成目标，沮丧的情绪便会随之而生。甚至，你会对自己的能力产生怀疑。其实，很多失败，不是因为你不够努力，不够优秀，而是因为你对未来的期望过高。

所以，如果你能够将期望值降低一点儿，将它摆在一个自己努力就能够完成的位置上，你的成就感不断地积累，你就会感觉到快乐。

比如说，你想要给自己设定一个目标，如果你一开始就设定“一年赚一个亿”，实际情况你根本达不成，那么期望就很容易落空。你适当地降低期望，先给自己制定一小目标，一个月存一千元钱，这很容易完成，并且不会让你的信心受损。这样，你就能够保持积极的心态，不断地去努力，最后变成自己期望中的样子。

从前，有一个人想要练就百步穿杨的箭术。但是，他明白一开始就想要练得百步穿杨的箭术并不现实。于是，他给自己制定了一个小目标，用一年的时间来增强自己的臂力。

他找了很多不同大小重量的石头，从最小的开始练起，慢慢增加石头的重量，直到能够轻松地拿起最大的石头为止。

一年之后，这个人的臂力发生了翻天覆地的变化。他又开始锻炼自己的眼力。他找了一根针，把它放在离眼睛几尺远的地方，每天盯着看。每当习惯了一个距离之后，便增加与针的距离。一段时间之后，这个人大幅度地提高了自己的眼力。

当他再次射箭的时候，发现自己的箭术有了大大的提升，即使目标离得很远，他的眼睛也能够聚焦，手臂更是能够拉开更重的弓。经过勤奋锻炼和努力，他最终练就了百步穿杨的箭术。

理想与现实是有差距的，并不是你想得越好就会越幸福。相反，当你将期望值降低的时候，目标容易完成，你更容易体会到内心的快乐。人们常说知足常乐，我们不能做一个无欲无求的人，但是可以降低自己的期望值，不让自己过得太累。

那些总是喜欢有过多期望的人，如果能够及时从幻想的空间中醒过来，及时止损，就会发现制定一个自己能够完成的小目标才是最重要的。一步一个脚印，你就会越来越接近期望中的人生。

## 在你感到累之前，休息

你是否经常会因为一点儿小事就发脾气，同事、朋友都不敢惹你？你的情绪经常处于阴雨天气，你是不是得了抑郁症？不要疑神疑鬼，你可能只是累了。当你疲惫的时候，你会发现你的大脑中浮现的更多的是一些消极记忆。科学家研究发现，疲倦者的行为表现和抑郁症患者的表现非常相似。

在你感觉到累之前，休息一下，给身体充充电，这就和给机器上了润滑油一样，你会运转得更加轻松，心情也会变得舒适不少。

著名棒球手康里·马克在比赛之前，非常善于缓解自己的紧张情绪。每次参加比赛之前，他都会睡个午觉。很多人都对他的这个习惯感到奇怪。康里·马克说道："如果比赛之前我不睡个午觉的话，那么当比赛进行到第五局时，我的身体就开始吃不消了。但是，如果我睡了午觉，哪怕只是睡了短短的五分钟，我也会精力充沛地打完全场。"

我们的身体，并不是一个不知道疲累的机器。人们每天做事的动力是由心脏带动的。心脏之于人就像是汽油之于汽车，它每天压出来流过全身的血液，足够装满一节运油的火车车厢，每天释放出来的能量，足够一个人用铲子将二十吨煤铲成一个一米高的平台。

医学博士华特·坎农研究发现："人的心脏并不是整天不停地跳动，它在每次收缩之后，会完全静置一段时间。一天二十四小时，按照每分钟跳七十下，它实际上每天只工作九个小时。"

所以说，如果你完全不停歇地去工作，不论是身体和精神都受不了。

其实我们可以发现，那些成功人士都十分擅长利用休息来调整自己的情绪。比如说第二次世界大战期间，美国著名的军事专家马歇尔将军也有午睡这个好习惯。他认为，指挥美军作战是一件非常耗神的事情，只有中午睡一会儿，才能够把状态调整过来。

同样做法的还有白宫第一夫人伊莲娜·罗斯福。在担任第一夫人的十二年里，她每次要接见一大群人或者是发表一次演说之前，都会坐在一把椅子或者沙发上，眯着眼睛，静静地休息二十分钟。休息之后，她的情绪就会变得稳定许多并且精力得到了再一次地补充。

每个人的精力都是有限的，学会在恰当的时候休息，是一件非常重要的事情。如果你采用了错误的休息方法，不但获得不了最好的放松，而且会为工作的路上增加绊脚石。

为此，《圣经·新约》的翻译者詹姆斯·莫法特提出了最大程度利用人们精力的方法：莫法特休息法。

莫法特的书房中有三张桌子，第一张桌子上摆着他正在翻译的《圣经》的译稿，第二张桌子上摆着他的一篇论文原稿，第三张桌子上则摆着他写的一篇侦探小说。而他的休息方法就是，通过切换不同的桌子工作来让自己的大脑得到放松。

虽然说看起来依然是在工作，但是科学研究表明，这种切换工作类型的工作方式，确实可以让人们疲劳的大脑得到有效的休息，还可以让人们不耽误手头上的工作。

莫法特认为，当人们长期专注在同一件事情上时，就像是一块地长期只种一种农作物，而精力或者注意力就是种植作物所需要的养分。每一种相同的作物需要的养分是相同的，种植的时间越长，养分就会越少，直至为零。但是，如果同时种植多种作物，每种作物需要的养分数量、时间都不相同，那么轮换之后，养分就有时间恢复，就有利于提高作物产量。

在工作的时候，如果你想要心情愉悦，并一直保持充分的精力，那么，在你感觉到累之前，你可以立马换另一件事情来做。这个时候，你的大脑获得了一部分空闲，你就可以恢复一部分精力。恢复的这部分精力，就可以为你下一次做这件事情的时候提供充足的能量。

张岩在工作的时候，总是能够保持很高的效率。有同事向他请教秘诀，他提出了一个名为“莫法特休息法”的工作方法。

他说：“我在工作的时候，会提前做一个规划。将所有的事情列出来：重要的、比较重要的、着急的、可以放一放的、我喜欢做的、我讨厌做的……每当我对一件事情做累了或者是察觉到自己的效率变低了的时候，我就会马上休息一下，去做一些我喜欢做的事情。比如听一会儿音乐，玩一局游戏，看一篇喜欢的文章等，让大脑得到充分的放松，然后再回来继续工作，自然就会变成之前的高效率。其中最重要的就是，你要对自己的工作了然于心，这样才能够正确地去规划它。”

你在工作的时候，可以充分地利用“莫法特休息法”来提高自己的效率。当然，在察觉到累的时候，你也可以什么都不做，只是单纯地闭上眼睛，休息十分钟，让高速运转的大脑停下来，获得短时间的放松。获得放松之后，对于原本想要放弃的事情，你也会坚持做下去，直到取得成功。

Chapter 7

# 不可不知的情绪心理学效应

## 费斯汀格法则：
## 遭遇倒霉事件，做出积极的情绪选择

人们在遭遇坏事情的时候，情绪就会往消极的方向发展。过了一段时间之后，人们就会意识到这些消极情绪所带来的一系列恶性后果。

费斯汀格曾经在书中举了这样一个例子：

卡斯丁在早上起来的时候，随手将自己很名贵的手表放在洗手台边。妻子看到之后，担心手表碰到水，便将手表拿到了餐桌上。结果，手表被拿早餐的儿子不小心碰到了地上，摔坏了。

卡斯丁非常喜欢这块手表，很生气地大骂了儿子一顿。妻子心疼儿子，与卡斯丁开始了激烈地争吵。

最后，卡斯丁生气得连早餐都没有吃，直接去公司上班了。但是，快到公司的时候，他发现公文包落在家里了，而公文包里有一个非常重要的今天开会要用的文件。

然而这个时候，妻子和儿子都已经离开家了。家里的钥匙在公文包里，卡斯丁根本进不去家门。无奈之下，他只好打电话给妻子。妻子在往家里赶的时候，慌张之下撞翻了路边的水果摊，并且和老板争吵了起来，最后在警察的调解下赔了一大笔钱。

当卡斯丁拿到公文包的时候，他已经迟到半个小时了，而他的这次迟到正好被上司看到了，他被严厉地批评了一顿。他的心情坏到了极点，于是在工作上犯了一个小错误，和同事又大吵了一架。

他的妻子今天不但赔了一大笔钱，而且因为早退被扣了全勤奖。他的儿子因为早上父亲的一顿怒骂，心情也十分坏。在参加球赛的时候，他原本有望拿奖，因为发挥失常，第一局就被淘汰了。

费斯汀格讲的这个故事，从表面上看，这一系列坏事情发生的原因是早上摔坏的那块手表。但导致这一天成为“闹心的一天”的根源是，在一件坏事情发生之后，卡斯丁没有掌控好坏情绪。

我们可以发现这样一个规律：当你遭遇了一件倒霉的事情之后，你的心情越坏，就越会导致后面一系列坏事情的发生。与之相反，如果在一件坏事情发生之后，你能够往好的方面去想，就能够发现其实这坏事情没有什么大不了的。

当人们产生消极情绪的时候，大脑往往处于“亢奋”的状态，这个时候，人们往往容易做出不理智的选择。比如说，在愤怒的时候，人们往往会选择迁怒或者歇斯底里地宣泄，而不是想着去解决问题，更不会去顾及他人的情绪。这样，不但会对自己造成负面影响，也会影响身边人的情绪，从而带来一系列坏的后果。

卞之琳曾经写道：“心情啊，可以是阳光般明媚，也可以是乌云般阴沉，如何选择在于你自己。”情绪也是如此，如果你选择了负面的情绪，那么就会给你带来坏的结果；如果你选择了积极的情绪，那么就能够给你带来好的影响。

曾经在网上看过很有意思的一句话："不管昨夜你如何泣不成声，今早醒来，这个城市依然车水马龙。"

你的坏情绪除了能够影响你和身边的人，对于其他人并没有任何影响。既然如此，仅仅是为了自己，我们为什么不能够选择用积极的情绪面对呢？

说起不幸的人，很多人脑海中都会浮现这样一个名字：海伦·凯勒。这位伟大的作家、教育家，被疾病残酷地剥夺了视力和听力，再也没有比这个更加倒霉的事情了。如果是普通人，生活在一个无声和黑暗的世界中，恐怕早就崩溃、消沉了。但是，海伦并没有被疾病打倒。她在面对这些困苦的时候，选择了积极的情绪，不断地和命运抗争，也获得了他人的尊敬和赞扬。

事实上，人生并不是一帆风顺的。我们总是能够遇到一些不如意的事情，积极的选择，能够帮助我们更好地渡过这些困难。常言道："当上帝给你关上一扇门之后，一定会给你打开一扇窗。"不论什么时候，能够主宰自己情绪的人，才能够做出对自己更加有利的选择。

比如说，《悲惨世界》中的主人公冉阿让就是一名非常不幸的人。一开始，冉阿让是一个非常老实的人，因为不幸锒铛入狱。因为愤怒，他想要做一个坏人，报复社会。但是，在良心的谴责之下，即使面对糟糕的环境，冉阿让还是选择了为人民服务。这个积极的选择让他最后成为市长、大亨，让他在以后遇到糟糕的事情时会友善地去面对，这种心态使得他的生活越来越好。

我们无法阻止坏事情的到来，但是，我们可以阻止坏情绪的到来，我们可以阻止坏情绪之下的恶果的到来。

某一天，网上有一组照片忽然火了起来。照片上是一对九零后的小情侣，他们在扑灭家里的火之后，灰头土脸地玩起了自拍。

很多人看到照片之后，觉得很有趣。在了解了小情侣经历的事情之后，人们更是觉得两人的心态好。

事情是这样的，两个人喜欢用电暖气烤衣服。这天早上，两人起床之后，习惯性地将衣服放在电暖气上便去洗漱了。忽然，男的听到客厅里响起一阵噼里啪啦的声音，急急忙忙冲了过去，一看才发现是家里着火了。

在邻居的帮助下，两人终于将火扑灭。但是，两人并没有因为满地的狼藉伤心，反而玩起了自拍，并且，还心态很好地说："这是2018年的第一场火，祝大家红红火火。"

有网友表示，家里都被烧了，两人还能够玩得这么嗨，他们在生活中一定也会过得很快乐。

记住，没有什么困难是无法解决的。区别就在于在事情出现之后，你处理事情的态度。不论发生了什么事情，选择积极的情绪去面对，无疑能够带来更好的结果。所以，不论遇到什么事情，我们都要学会正确地运用"费斯汀格法则"，以积极的情绪去面对各种挫折和困难。

## 贝勃定律：肯定自己的价值

有一些人在取得了一次非常优异的成绩之后，会非常高兴和有成就感，但是，接着就会陷入自我怀疑之中。因为接下来他们很难取得更大的成就，于是他们开始认为自己其实并没有那么优秀，他们很难认清楚自己的价值。

这种现象，我们称为“贝勃定律”。它其实是一个社会心理学效应，说的就是：“当人们在经历了一次强烈的刺激之后，再给他的刺激就会变得微不足道。”换句话而言，第一次大的刺激能够冲淡第二次的小刺激。比如说，原本价值十几万的商品，涨了一百元，你可能会觉得没什么，但是原本几毛钱的东西忽然涨价到十元，你就无法接受了。

一名意大利的心理学家曾经做过一个玫瑰实验：

他找了两名成长背景、年龄大体相同的男孩，然后，让他们在谈恋爱的时候给自己的恋人送玫瑰花。

第一个男孩，心理学家让他每个周末给心爱的姑娘送一束红玫瑰，在一开始，女孩收到玫瑰花的时候很是惊喜。但是随着一个一个星期过去，姑娘习惯了之后就没有任何表现了。

第二个男孩，心理学家并没有让他每周都给心爱的姑娘送红玫瑰，而是让他在情人节的那天送给姑娘。

到了情人节那天，每周都收到玫瑰花的姑娘，表现得很平静。而且还和男朋友抱怨道："我看别人都送给自己女朋友蓝色妖姬，比这些普通的玫瑰花好看多了。"

那个从来没有收到过玫瑰花的姑娘，看到男朋友捧着一大束花向她走过来时，心中非常惊喜，旁若无人地和男朋友紧紧地抱在了一起。

贝勃定律是比较常见的一种心理效应，并且在一定程度上会为我们带来益处。比如说，有的人买东西的时候会应用贝勃定律砍价。我们可以拦腰砍掉一半的价钱，这个时候，商家心中受到的刺激比较大，然后你再慢慢地往上提，卖家心理上就会逐渐接受。

其实，贝勃定律更多地出现在一些情绪比较低落的人身上。生活中并不缺乏努力的人，为了获得成功，他们不断地奋勇前进。但是，一次的成功并不是人生的终点。在以后的人生中，有了前面的基础，他们也会获得一些小的进步，但往往很难获得比上一次更大的成就。这个时候，他们就很容易陷入自我怀疑之中。

很多时候，人们很容易形成惯性思维。比如说，有些人在刚入职场的时候，他们拥有雄心壮志。在一开始，他们会因为上司的几句表扬或者是一个小成功而雀跃不已。但随着时间的流逝，他们已经对这些刺激形成了免疫。那些枯燥的工作无法让他们的心境产生涟漪。于是，他们日复一日地干着差不多的工作，原本的壮志也变得消极起来。

人生只有一次，如果一直处在消极的情绪之中，无疑是在浪费生命。《钢铁是怎样炼成的》里面的一段话很能够发人深省："人最宝贵的是生命，生命对人来说只有一次。人的一生应当这样度过：当他回首往事时，不会因为虚度年华而悔恨，也不会因为碌碌无为而羞愧。"

其实，越是优秀的人，越需要学会认清自己的成绩和肯定自己的价值。这样，才能够不让负面情绪乘虚而入。

刘晴刚刚完成了一个大单子，同事们约她去庆祝。但是，刘晴的脸上没有一点儿喜色，反而显得很是忧愁。

同事王芸有些奇怪地问刘晴："你这是怎么了，刚刚完成一个大单子，本来应该是高兴的事情，怎么愁眉苦脸的？"

刘晴勉强笑了笑说道："这算是什么大单子，不过是七百万而已。半年前那个两千万的单子才是真正厉害呢。这么久了，再也没有签过这样的单子了。你说，我的能力是不是太差了？再这样下去，万一公司辞退我怎么办？"

王芸说道："七百万的订单，已经是咱们公司的大客户了。再说上一次也是咱们公司运气好，正好他们总裁和咱们董事长是朋友，咱们公司的产品质量又过关，才会签订成功。这几个月你已经签了好几个百万的大订单了，你的能力很厉害，没看到咱们老板多么喜欢你嘛！"

听完王芸的话，刘晴这才发现自己的业绩在公司确实不错，并不需要惶惶不可终日。于是，她便将更多的热情投入到了工作之中。

每个人都有可能出现"贝勃定律"的现象，而且很容易让自己陷入消极情绪之中，不断地自怨自艾。这对于自身的发展，没有任何的好处。如果这个时候，能够有人在你的耳边点醒你，让你看清楚自己过往的成绩，并及时树立起信心，对你而言是一件非常幸运的事情。

所以说，当你感觉到消极的时候，不要将情绪掩藏在心中，积极地去向你的朋友倾诉，向他们寻求帮助，或许他们能够帮助你及时摆脱消极情绪带来的负面影响。当你清醒之后，就会发现，自己并不是不优秀，只是在慢慢地进步而已。

# 皮格马利翁效应：不断进行积极暗示

在很多时候，自我暗示能够给人们带来意想不到的影响。有时候，消极的暗示会让人失败。而不断地进行积极的自我暗示，能够让你完成原本不可能完成的事情。

从前，有一个国王叫作皮格马利翁，他十分喜欢并且擅长雕塑。有一次，他灵感闪现，于是雕塑出一个十分完美的少女像。这个少女像非常美丽，楚楚动人。国王皮格马利翁认为自己爱上了这尊雕像。

于是，他请求主管爱情与美丽的女神阿佛洛狄忒帮助他。阿佛洛狄忒被国王的真情感动了，决定赐予雕像生命。后来，少女雕像果然复活了，皮格马利翁和这名少女成婚了。

这就是著名的皮格马利翁效应的由来。它是由美国著名心理学家罗森塔尔和雅各布森提出来的，在百科上的解释是："暗示在本质上，人的情感和观念会不同程度受别人下意识的影响。人们基于对某种情境的知觉而形成的期望或预言，会使该情境产生适应这一期望或预言的效应。"

简单而言，就是你期望什么，你就会得到什么。很多事情，只要你充满自信地去期待，那么事情就很有可能会顺利地进行下去。有的人在做一件事情之前，便会说“这太难了”“我根本没有办法完成”……这种话，其实就是在对自我下暗示。在潜意识中，你就会认为这件事情根本完不成，因此你也不会拼尽全力去做。那么，最后得到的结果自然就是失败的。

与之相反，如果你遇到了一件困难的事情，便对自己说：“嗨，没有什么困难的”“这点儿小事，我完全能够解决”……那么，最后得到的结果，有很大可能会如你所愿。

心理学家马尔兹曾经说过：“我们的神经系统是很‘蠢’的，你用肉眼看到一件喜悦的事，它会做出喜悦的反应；看到忧愁的事，它会做出忧愁的反应。”同样的道理，如果你一直对自己进行积极的自我暗示，那么你就能够战胜困难；如果你一直对自己进行消极的自我暗示，那么你就会自我放弃。

有研究表明，暗示的力量是人们无法想象的。如果一个人对自己没有了任何期待，那无异于放弃了自己的人生。这样的人，做什么事情都很难成功。他们在失败之后，就会认为自己果然是一个无能之人，从而形成恶性循环。

所以，当我们情绪低落的时候，可以经常给自己积极的暗示，比如说：“我很棒”“我一定能赢”“没有什么能够打倒我”……通过这种自我赞美和肯定，你就能对自己有所期待。然后，在做事情的时候，你会充满信心，并且建立正确的价值感。

美国心理学家威廉斯曾说：“无论什么见解、计划、目的，只要以强烈的信念和期待进行多次反复地思考，那它必然会置于潜意识中，成为积极行动的源泉。”

曾经有一个拳王，每次被记者采访的时候，总会说一句：

“I’m the best!”这就是一个积极的自我暗示，你期待着自己变成最好的，在这个自我暗示的激励下，你会不断地朝着目标前进。也许在一开始，你并不是如此，但是，一段时间之后，你就会发现，事实确实如此。

林美是一个微胖女孩，她十分羡慕那些身材好的女神，并且曾经多次立志减肥。然而，每一次都以失败告终，林美彻底失去了信心。

有一次，林美被朋友邀请去看一个时尚秀。看着T台上那些模特完美的身材，林美很受刺激。她也很想拥有如此好的身材，但是再次开始减肥之前，她想：“我减肥这么多次，都以失败告终，这次肯定也会失败，我这辈子肯定都要这么胖下去了。”

这样想着，林美每天都郁郁寡欢。

林美的好朋友李媛鼓励她说：“小美，其实你现在也很可爱，即使不减肥，也有很多人喜欢你的。”

“可是我更想穿那些好看的衣服。”林美愁眉苦脸地说道。

“其实，你想想，这件事情并不难，不过是少吃一点儿，多运动一点儿。以前你参加比赛，我们都觉得你不行，但是你多有干劲儿啊，认为自己一定能够拿冠军，最后不是真的拿冠军了嘛。这次，你拿出当初的那股劲头，一定能够成功的。”

林美觉得朋友说得很有道理，想着自己减肥成功后可以穿的那些漂亮衣服，暗示自己一定能够成功。最后，她果然减肥成功了。

积极的暗示在很时候能够帮助人们完成不可能完成的事情。如果我们在情绪低落的时候，能够给予自己积极的心理暗示，那么我们将无所畏惧。

我们怎样正确地运用“皮格马利翁效应”呢?

首先，心中要有积极的期待。根据“皮格马利翁效应”的定义来看，最后得到的结果，正是你所期待的。如果你的心中没有积极的期待，那么你很难获得积极正面的结果。而且，这个期待应该是合理的，可以完成的。如果你只是一个工薪阶层，期待的是马上赚一个亿，那么这就是不符合实际的空想了。

其次，要有正确的自我认知。明确自己现在是什么状态，然后去合理地期待。很多时候，期待只是一个引子，接下来的付诸实践才是关键。比如说，你距离目标还差多远，你还需要做什么等。只有对自我有了正确的认知，你才能够做到心中有数。如果只是一味地期待，没有正确的认知，对付出没有思想准备，最后的结果很可能会让你产生巨大的心理落差。

最后，就是要积极地去行动。如果没有行动，只是一味地空想，无论什么样的期待最后都会落空。在这个过程中，可能会遇到困难，其实只要坚持做下去，就能够取得成功。同时，不要操之过急，规划好进度，坚持完成每天的任务，积少成多，一段时间之后，你就会发现你向着目标前进了一大步。

总而言之，我们要学会巧妙地运用积极暗示，同时也要注意，在暗示自己的时候，要尽量选择比较简单、能够完成的目标。反复进行，才能够起到最好的效果。

## 超限效应：转移注意力，从负面情绪中解脱出来

超限效应，在百科上的解释是："刺激过多、过强或作用时间过久，从而引起极不耐烦或逆反的心理现象。"简单而言，就是一个人如果受到同一件事物反复地刺激，那么他就会对这件事情产生厌烦心理。

著名的幽默大师马克·吐温曾经讲过一段非常有趣的有关超限效应的经历：

马克·吐温是一名基督教徒，有一次，教堂准备募捐，他便去听演讲。在演讲一开始，牧师激情洋溢，马克·吐温觉得牧师讲得非常好，让他非常感动。于是，他决定一会儿捐款的时候捐一百美元。

但是，过了十分钟之后，牧师依然充满激情地做演讲，丝毫没有停下来的意思。马克·吐温此时觉得牧师的声音有些聒噪，他的心中有些不耐烦。于是，他决定一会儿捐款的时候将原本的一百美元减成二十美元。

然而，这并不是结束，又过了十分钟，牧师还没有讲完。

此时，一开始和蔼可亲的牧师在马克·吐温的眼里变成了面目可憎的人，而且他一点儿捐款的欲望都没有了。

等到牧师终于结束了冗长的演讲，开始募捐时，马克·吐温已经非常烦躁、气愤了，他不仅未捐钱，还从盘子里偷走了两美元。

“超限效应”的现象我们经常能够见到，最经典的一个例子就是电话推销。很多人都有这种苦恼，推销的人员一次又一次地对你进行电话骚扰。第一次接到这种电话，你可能会耐心地拒绝对方，如果次数多了，可能还没等对方开口，你就不耐烦地挂掉了电话。

“超限效应”时时提醒着我们，不要反复用同一件事情去麻烦别人，以免造成别人的反感。除此之外，“超限效应”还会让人们沉浸在负面情绪之中，产生严重的后果。当人们不如意的时候，就会产生负面情绪。这时候，如果没有比前面更加强烈的刺激产生，那么，你很可能就会一直沉浸在其中，不可自拔。

但是，这种行为是非常危险的。因为当人们情绪低落的时候，各种负面的想法和信息会占据大部分的思绪，这十分不利于人们的身体健康，容易使人患上抑郁症，严重了甚至会使人产生轻生的念头。

比如说，一个人失恋了，他觉得整个世界都是灰暗的，任何事情都无法激起他对生活的希望。甚至，他一味地纵容自己沉浸在失恋的悲痛之中。这个时候，无论是朋友的邀请还是家人的陪伴，抑或是工作上的升职，对于他而言都没有任何的意义。

其实，此时他已经陷入了“超限效应”之中。如果他没有遇到比失恋更加大的刺激，那么他就会一直沉浸在悲观的世界中。如果这时候，他懂得了“超限效应”的存在，适时地学会在负面情绪中转移自己的注意力，那么，他的人生就会发生美好的改变。

学会掌控自己的情绪，非常重要。同样地，如果我们在陷入负面情绪的时候，能够及时察觉“超限效应”的存在，并及时改正自己的状态，那么，我们就能够从负面情绪中解脱出来。

王晓又和老公吵了一架，起因只是“吃完饭谁刷碗”这点儿小事。老公怒气冲冲地摔门而去，王晓一个人坐在沙发中暗自垂泪。

老公指责她每天在家除了看孩子，就是看电视剧，现在连家务都做不好，还能做什么？王晓越想越为自己不值，当初放弃了自己的事业和他结婚，为他生孩子，现在却被他嫌弃。

自从这次吵架之后，王晓和她老公陷入了冷战之中。她每天活得越来越憋屈，最后甚至产生了离婚的念头。

有一天，王晓的朋友来看她，看着王晓憔悴的脸，朋友问她出了什么事情。

王晓一边哭着，一边向对方倾诉自己这些年的委屈。

等王晓哭完之后，朋友说道：“你结婚这几年，每天都是围着柴米油盐转，一点儿自己的时间都没有，哪儿还有你当年的风采。再说了，你现在不上班，每天全部的精力都放在老公和孩子身上，肯定会产生矛盾的。”

“那你说，我现在应该怎么办？”王晓觉得朋友说得有道理，于是赶忙问道。

“你呀，首先得转移一下自己的注意力，想想自己有什么爱好，重新拾起来。有了事情做，你就不会每天胡思乱想了。”

王晓想起自己以前非常喜欢美食，后来结婚事情多了，总是凑合，也就没心思去做一些精致的菜了。

为了更好地去学习做菜，王晓还给自己报了一个美食培训班。每个周末她都高高兴兴地去上课，空闲时间就给老公和孩子展示自己的学习成果，或者是和美食班的同学学习、交流。

一段时间之后，王晓整个人的精气神都变了，感觉人生更加美好了。她不再每天揪着一件小事就抱怨个不停，和老公之间的感情也越来越好。

有这样一句话：“这个世界不只有眼前的苟且，还有诗与远方。”你不必一直专注在那些让自己不开心的事情上。当你有了负面情绪之后，要及时找到自己喜欢的事情，比如说画画、听音乐、去户外活动、玩填字游戏，或者是约朋友逛街……总有一件事情能够让你在负面情绪中分散注意力，让你打破“超限效应”的魔咒。

## 淬火效应：让自己变得更强大

当明白了负面情绪带来的危害之后，很多人都会对它避之唯恐不及，做事情的时候，就会变得畏首畏尾，从而错过很多机会，这未免显得得不偿失。

其实，完全不必如此。有研究发现，很多抑郁症患者在康复之后，往往会变得更加强大。这其实是“淬火效应”在起作用。所谓的“淬火效应”，是指金属在经过高温加热到一定程度之后，再浸入冷却剂（水或者油）中，经过冷却处理之后，金属的性能就会变得更好、更稳定。如果应用在心理学上，我们自己的情绪就是“金属”，遭遇的那些不开心的事情就是“冷却剂”，经过冷处理之后，我们的内心会变得愈加强大。

“淬火效应”一开始是在教育学的基础上提出来的。比如说，有一些学生成绩不错，便自我感觉良好。为了防止他们骄傲，老师便会给他们设置一点儿小小的障碍，让他们摔几个小跟头，使其发热的头脑冷静下来。几经锻炼之后，学生的心理承受能力就会变得更强。

很多人在经历挫折之后，很容易陷入恐慌、害怕等负面情绪之中，甚至从此不管做什么事情都畏首畏尾，害怕再次遭遇挫折。尼采曾经说过：“那些杀不死你的，终将会使你更强大。”

人生并不是一帆风顺的，每个人都有可能遇到不开心的事情，进而产生负面情绪，甚至会对自己的能力产生怀疑。尤其是在一些比较正式的场合，很多人容易受到周围环境的影响，陷入负面情绪中不可自拔。比如说，参加比赛的时候，有的人就会不自觉地受到气氛的影响，变得紧张、恐慌。

看过一部电影，名为《肖申克的救赎》。电影中的男主角安迪即使身陷牢狱，依然不忘追求自由，并且为之不断地努力，随着经历的事情变多，他的内心变得愈加强大。

安迪是一名世界银行家，不幸的是，他发现自己的妻子出轨了，然而更加不幸的是妻子和她的情人被人杀死了，而他却被冤枉是杀人凶手，锒铛入狱，并且被判无期徒刑。普通人如果遭遇这样的不幸，很可能就会一蹶不振，安迪并没有如此。对于生活，他并没有失去希望，甚至冒险溜到典狱长的办公室，用广播播放歌曲，结果被关了一周的禁闭。

在狱中，安迪还结识了交易商人瑞德，并且和他成了朋友。有一次，安迪想要一把锤子，这是违反监狱规定的，但是瑞德依然给他找来了。瑞德无数次申请保释，然而都被驳回了。瑞德告诉安迪，在监狱中，拥有希望是一件非常危险的事情。因为你的希望一次次落空，是非常痛苦的。相反，如果你不抱希望地活着，反而能够避免这种痛苦，慢慢地适应监狱里的生活。

然而，相对于对人生有些绝望的瑞德而言，安迪十分能“折腾”。安迪坚称自己是被冤枉的，于是向典狱长争取重审他的案件，结果不但被暴打一顿，还再一次被关禁闭。

安迪并没有被一连串的打击击倒，终于有一次，在外出劳动的时候，安迪帮助典狱长成功地逃掉了遗产税，得到了典狱长的器重。典狱长将他调到了图书馆，以便利用他做假账。

在此期间，安迪终于从狱友汤米的口中知道了自己是被冤枉的。正当他期待着被释放的时候，典狱长害怕释放安迪会让自己做假账的事情暴露，于是处死了汤米，安迪的希望又一次落空。

这个时候，安迪意识到唯有越狱才能够让自己获得新生，于是他利用从瑞德那里借到的凿石锤挖通了一条地道，并且带着典狱长的账本越狱了。后来，安迪将账本作为证据向当局举报了典狱长，典狱长在肖申克监狱的势力终于被瓦解了。而安迪的老朋友瑞德，也终于保释成功。

有人曾经说过：“困难像弹簧，你弱它就强。”负面情绪也是如此。在很多时候，紧张、害怕、生气、愤怒、焦虑、痛苦等负面情绪，就像是一张渔网一样，将我们紧紧地包裹起来。

如果你在面对负面情绪的时候退缩了，那么它就会像是压倒骆驼的最后一根稻草，彻底打败你，让你对未来失去希望。如果你能够直面并且战胜这些负面情绪，那么当你再一次面临这样的事情的时候，你就不会再害怕失败。

那些取得成功的人，也不是一帆风顺的。在这个过程中，他们经历了许多的磨难和挫折。他们最终战胜了这些困难和挫折，才站在了顶峰。

所以说，如果你懂得了“淬火效应”，就应该明白人生中的这些挫折和磨难，只不过是让你变得更加强大的踏脚石而已。研究发现，很多人在经历了挫折之后，不但提升了自己解决问题的能力，而且增强了承担风险的能力。

很多时候，并不是你不优秀，而是负面情绪将你的优秀掩藏了起来。当我们察觉到自己产生了负面情绪的时候，不要一味地沉溺其中，也不要不断地进行自我怀疑，我们首先要去做的是搞清楚产生这种负面情绪的原因。

李兰妮在三十二岁的时候不幸地患上了淋巴癌，病魔的侵袭和治疗的痛苦一度让她痛不欲生。更加不幸的是，这个时候李兰妮患上了抑郁症。她曾经说过：“抑郁症比癌症更可怕。”

但是，她并没有被这些痛苦打败，即使受尽折磨，她依然坚持写作。她坚信自己能够战胜病魔，并且坚信抑郁症是可以治愈的。在 2008 年，她完成了自己的第一本书《旷野无人》。她在书中详细地介绍了自己的治病历程和心境变化，希望为更多同样境遇的人提供帮助。

事实上，不论面对什么样的负面情绪，最忌讳的就是逃避。“淬火效应”告诉我们，负面情绪没有什么大不了的。当你正确地分析并且找出问题所在之后，着手去解决它，就会发现它只是我们人生路上一次微不足道的经历。当你经历一次又一次负面情绪的洗礼之后，就会发现，你的承受能力变得愈加强大，很少再有事情能够一次打败你。

# 森田疗法：顺其自然，为所当为

很对人对于负面情绪非常恐惧，并且，会不断地强迫自己去纠结这件事情，然而越是纠结，越会沉浸在其中。我们将拥有这种表现的人称为强迫症患者。

1995年，加拿大魁北克的拉瓦尔大学曾做过这样一个实验：

有一个医药公司准备将一种药丸投放到亚洲市场中去，用它对付一种病毒。为此，需要了解不同颜色的药丸是否容易被分开。

研究人员找来了两组志愿者，他们告诉第一组志愿者，这个练习的结果并不重要，只是一个简单普通的练习而已。

对于第二组志愿者，研究人员则告诉他们，这件事情是非常重要的，事关生死。

在实验的过程中，第一组志愿者完成得很轻松。第二组志愿者则花费了更长的时间来反复地检查。随着时间越长，他们的情绪就越焦虑，甚至开始担心自己根本做不好这么重要的事情。

很多时候，我们就像第二组的志愿者一样，在某些被我们看作重要或者危险系数高的事情面前，往往不自主地谨慎些，以致引发了负面情绪的洪流。那么我们对于负面情绪就束手无策了吗？日本医学教授森田正马提出的“森田疗法”，对于治疗各种神经疾病，如强迫症、社交恐惧症、抑郁症等，有很好的效果。

“森田疗法”的基本治疗原则是“顺其自然，为所当为”。即人们在面对负面情绪的时候，不要一味地纠结，而是应该“顺其自然”。当然，这里说的顺其自然并不是说将问题放置起来，视而不见。而是说，当你陷入情绪低落的时候，不要刻意逃避，也不要强迫自己去纠结，应该自我觉察，主动接受情绪低落的事实。人生本来就是由“酸甜苦辣”组成的，如果你过分去注意那些负面的情绪，原本很小的事情也会被放大。

有时候我们会感觉到伤心难过，有时候又会感觉到开心快乐，有时候又会感觉到生气愤怒……很多时候，情绪并不是由自己的力量控制的。比如说，你伤心难过的时候，想要让自己变得开心，是一件很困难的事情，即使脸上有了笑容，也不过是强颜欢笑。

这个时候，我们不要去强迫自己改变，要顺从自己的内心，等待情绪被宣泄之后，再理智地去解决问题。当然，我们顺从自己内心的时候，也要根据场合和情况而定。如果心中很难过，但是马上就要去参加好朋友的婚礼了，那么无论如何，你也要表现出高兴的样子，这也是“顺其自然”。如果你沉浸在自己悲伤的情绪之中，一直苦着脸，朋友很可能会认为你在故意找茬儿。

当你学会接受自己的负面情绪的时候，就会发现，其实这都是很正常的，当你不再纠结的时候，负面情绪就会顺其自然地来，也会顺其自然地走。

周娟是一个有点微胖的姑娘，内心感觉非常自卑，她很少和朋友们去逛街，也不参加公司同事的聚会。

公司发起的活动，她几乎很少参与，她害怕聚餐时的合影，她觉得每次相片上最丑的就是她，脸大大圆圆的，还总被同事们拿来开玩笑。她其实很想跟同事们出去聚餐，也想跟朋友们拍照，她很羡慕身材苗条瓜子脸的女生们。经常看着他们一起聚会开心的照片，她总会莫名的失落和难过。

有学者分析悲痛分为五个阶段：拒绝，愤怒，自欺欺人，消沉，接受。经历大半年的纠结和思考，周娟终于接受自己的现状。她开始接纳自己的微胖和不漂亮，也学会了自嘲和自黑。

她开始尝试和朋友们周末逛街，跟同事们参加公司聚会。用幽默风趣的语言黑自己，反而成了朋友们心中的开心果，大家都喜欢和她一起玩，周娟逐渐地找到了自信。

真正聪明的人并不会去逃避负面情绪，而是会接纳负面情绪。烦恼是组成人生的一部分，既然我们无法避免，不妨将它当作一种自然的感情来接受，反而会得到意想不到的效果。

很多人会因为自己陷入了情绪低谷而不断地自责，每天战战兢兢的，就害怕负面情绪突然袭来。然而，“森田疗法”告诉我们，我们越是抑制负面情绪，越难以消除它，除了对抗和压制，还有一个更好的办法，那就是接纳它。

当负面情绪袭来的时候，如果正面接纳它，很多人都会不堪一击，甚至会因打击而陷入抑郁的情绪中。有时候，越是计较，情绪就会变得越激烈。最后，一发不可收拾。

如果这个时候，你该做什么还做什么，不把自己的精力过多地放在情绪上。一段时间之后，你就会发现，那股难言的情绪在不知不觉中消失了。

人们总是有一种劣根性，对于越难以得到的东西，越难以放弃。因为不甘心，所以时常会纠结在其中。这个时候，如果还有机会，不妨顺着自己的心意立马去行动。当你那些不甘的心愿被完成之后，负面情绪就会被心愿完成的喜悦代替。

比如说，在电影《遗愿清单》中，一个很有钱的白人生病了，被转移到了临终病房。在这里他遇到了一个贫穷的黑人。两个人聊天，突然聊起了未完的心愿。想着两个人的缘分，有钱的白人决定资助黑人，陪他一起完成那些想要做的事情。

我们要学会接纳自己的负面情绪，这很重要。如果你学会了“森田疗法”，就不会再因为各种负面情绪而失去理智，做出让自己后悔的事情。

## 野马结局：不再为小事抓狂

很多时候，人们会因为一些芝麻大小的事情而大动肝火，如果不能及时制止自己的情绪，便会愈演愈烈，有时候甚至会造成严重的后果。

比如说，你工作正在忙的时候，忽然断电了，电脑关机了，之前的工作内容却没有来得及保存。在第一时间你没有去找解决的办法，反而心情暴躁地坐在那里生气或者是一味地抱怨。这种现象就叫作“野马结局”。

在非洲大草原上，野马最怕的就是一种吸血蝙蝠，因为它们常在野马的腿上吸血。吸血蝙蝠依靠吸食动物的血生存，不管野马怎样暴怒、狂奔，它们依然不依不饶地吸饱之后才离开，而野马却拿这些个“小家伙”没办法。最后很多野马被活活折磨死。

但是，动物学家通过研究发现，这些吸血蝙蝠吸走的血量非常少，对野马来说，根本不足以致命。

后来，他们继续研究，发现真正导致野马丧命的，竟然是它们被蝙蝠叮上之后的暴怒和狂奔。

换句话说，吸血蝙蝠只是导致野马死亡的诱因，而野马对这一个诱因剧烈的情绪反应，才是导致它们死亡的最直接因素。

美国密歇根大学心理学家南迪·内森研究发现，一般人的一生平均有十分之三的时间处于情绪不佳的状态，因此，人们常常需要与那些消极的情绪做斗争。也就是说，越是喜欢和小事计较的人，越是容易生气。愤怒这种情绪，产生于人们的大脑处在亢奋的阶段。当愤怒值到达了一个顶点之后，人们的双眼就会被其遮盖。因为不想自己被愤怒这把火烧死，所以人们会选择尽情地发泄，甚至严厉地指责别人。

经常会有人说“气死我了”这句话，因为别人的一句抱怨或者是因为陌生不小心碰了你一下，你就生气不已。处处计较，处处生气，每天都在愤怒中度过，人生还有什么意义呢？

“路怒症”经常会出现在开车的人身上。有的人在开车的时候，会因为红灯、堵车或者是有人超车等事情而忽然情绪爆发。在这种情绪下，很容易出车祸，造成不可挽回的损失。

莎士比亚曾说过：“不要因为你的敌人燃起一把火，你就把自己烧死。”你因为计较别人的过失，使得自己生气，那无疑是在用别人的错误来惩罚自己，这其实是一种得不偿失的行为。

很多时候，人都有自我补偿心理，同一件事情，可能自己做就是对的，别人做就是错误的。比如说，你走在路上，碰了别人一下，就是不小心。如果别人碰了你一下，那就是故意找你碴儿。

而且，这样的事情经常会发生。当你学会不去计较这些小事的时候，你就会发现还有很多美好的事情。马克·吐温曾说：“紫罗兰把它的香气留在那踩扁了它的脚踝上。”

不在小事情上浪费过多的精力，不但能够很好地控制负面情绪的产生，而且会让你收获一个好人缘。

周末的公交车上人不多，但是座位上已经坐满了人，有乘客零零散散地站着。走到某一站的时候，上来了一个五十多岁、看着很健康的老太太，她手里拎着一袋子蔬菜。

刚上车，老太太环视了一圈，发现没空座儿了，而且没有人给她让座儿。于是，她气势汹汹地走到一个座位面前，对着座位上的小女孩说道：“你这个孩子怎么这么不尊老，年纪轻轻的也不知道给老人让座儿！”

看着女孩脸上不耐烦的神情，很多人以为女孩要吵回去。结果，女孩只是站了起来，轻声说道：“大妈，你坐着吧。”然后女孩戴上耳机，走到了窗户那边，安静地站着，一场硝烟化于无形之中。

有人曾经说过：“欲成大事者，不拘小节。”很多时候，一个人过于计较小事，就很容易和别人发生争吵。比如说，你走在路上，有人不小心碰了你一下，你非要和对方讲清楚，凭什么无缘无故地碰你一下，然后势必要碰回来，心中才舒服。

其实，如果你一直纠缠在小事上面，只会越过越不幸福。并且，在做大事的时候，更要不拘小节，精力集中、心无旁骛、专心致志才有可能成功。

愤怒是双向的，你在愤怒的时候，也会将负面情绪带给周围的人。你情绪失控的时间越长，你的人缘也会越差。负面情绪给人们带来的危害是非常大的，有时候，你甚至会因为一件小事儿而危及自己或他人的生命。美国警局记录了一桩因为一个小事儿而发生的命案。

有一个饭馆的老板，因为“喝咖啡是否要用茶碟”这么一件小事和厨师吵了起来。老板越吵越生气，心中的怒火燃烧着他的理智，最后在愤怒中他抄起了一把左轮手枪，并对着厨师大声喊骂，威胁厨师。

厨师一看情况不对，拔腿就往外面跑，老板也挥舞着手枪紧追在后面。结果，还没等跑出去，老板忽然倒地而亡。最后法医检查发现，饭馆的老板死于心脏病。极度愤怒的情绪和剧烈运动，诱发了老板的心脏病。

就是因为计较这样一件小事，老板生气发怒，最后付出了生命的代价。当我们懂得了“野马结局”之后，就应该学会放宽自己的心胸，一些微不足道的小事，能过去就过去，这样既温暖了别人也快乐了自己。

## 克服“心理斜坡”

很多人会有这样一种体验：这一刻你因为一件事情非常高兴，可能下一刻就会生气、沮丧。这就是，我们常说的“乐极生悲”。

这种现象的出现，就是因为“心理斜坡”的存在。所谓的“心理斜坡”，就是说人的感情会受到外界刺激的影响，人们根据刺激程度的不同会产生不同等级的情绪反应，然后形成一个类似金字塔状的情感斜面。这个斜面的坡度越大，人们的情绪越容易往相反的方向转化。

简单地举个例子。有一个非常怕老婆的男人，有一天他老婆忽然说要给他打洗脚水，男人非常高兴，准备好好享受一番，他将脚放进了水里，动作太大，不小心溅出一些水来，洒到了老婆。于是，他老婆不高兴地数落了男人一顿。男人原本的享受没了，还挨了一顿数落，心中顿时非常不乐意。于是，他便和老婆争吵了几句。结果就像是“捅了马蜂窝”一样，二人吵了起来。最后，越吵越激烈，二人甚至动起手来。

人们的情绪波动越大，越难以控制自己的行为，尤其是在非常高兴的时候，人们很容易失控，发生难以预料的变故，乐极生悲。研究发现，人的情绪具有多度性和两极性。简而言之，就是每一种情绪都有与之相对的另一种情绪状态。比如说，爱和恨，高兴和忧愁，喜欢和讨厌等。在某些特定的背景中，“心理斜坡”越大的人，越容易往相反的情绪转化。

有一个非常重要的客户来公司平台投放广告，上司将负责接待的任务交给了小A。在谈判的过程中，小A和客户交谈得很顺利，并且将客户的疑虑都解释了一番。

客户表示非常满意，认为可以投放。但是，在回去之后，客户忽然发消息说，他们公司计划有变，这次不能够投放广告了，下次再合作。

小A听后，非常生气，马上给客户打电话过去，质问道：“我就知道你们不靠谱，说好投放广告，现在又不投了，是涮着人玩儿吗?”说完，小A将客户拉黑了，然后趴在桌子上哭了起来。

“心理斜坡”越大的人情绪越不稳定。他们很容易因为某些压力或者是挫折产生强烈的情绪波动。这种情绪波动，在很多时候不但会影响自身的心理状态和身体健康，甚至会给身边的人带来不利影响。

人生不可能是一帆风顺的，很多意外都有可能猝不及防地向你袭来。如果你的“心理斜坡”过大，那么在意外来临之时，你就很容易被负面情绪淹没。如果一直沉浸在负面情绪之中，你就不能够冷静地去处理问题。

也许有少部分的人生来就拥有稳定的情绪。但是，大部分的人通常随着成长，“心理斜坡”会变大，总是会被情绪牵着鼻子走，并对此束手无策。其实，克服“心理斜坡”并不难。

“中国公关第一人”李国威有一次去国外参加一个市场活动，由于航班延误，到达车展的时候，所有人都很疲惫。

一起跟随的记者不但要倒时差，还因为有语言障碍，稿子也没法写。但是，很多主编都要求稿子必须当天发，其中一个记者越想越紧张，当时就急哭了。现场陷入了一片混乱之中。

作为公关的负责人，李国威有些头疼地看着紧张、混乱的工作人员。他不但要维持秩序，还要保证通用品牌的露出，记者能够收集到所有信息，报道整个行业。但是现在，所有人的状态都不好，他们根本无心工作。

李国威稳住心神，当下做了决定：记者先回酒店休息，评估当天可用的备稿和写稿时间，他可以一个人参观所有展台，然后去新闻中心拿到所有稿件。之后，他会根据自己的经验将所有材料的重点一一列出。记者休息好之后，他再讲给他们，包括通用汽车的设计、技术等各个方面的信息。

就这样，一篇篇有关“通用汽车”的稿件迅速出炉。记者们出色地完成了任务，李国威也达到了宣传品牌的目的。

纳尔逊·曼德拉曾经说：“没有人生来就是勇敢的，勇敢并不是不害怕，而是要假装勇敢，并学会克服恐惧。”如果你能够克服心理斜坡，那么遇到事情时，你就能够保持情绪稳定，不会发生“乐极生悲”的情况。

那么，怎么去克服心理斜坡呢？

首先，你要正确认识自己的心理。情绪波动大的人，很少能够正确地去认识自己的心理，更不用谈去重视自己的心理保健了。所以，他们经常会产生消极思想，从而乐极生悲。人生不可能事事如意，只有学会了放松自己，以平常心面对一切，才能够在高兴的时候保持稳定的情绪，在不顺心的时候及时跳出烦恼的泥坑。

其次，多关注一些有趣的事情。心理斜坡越大的人，越喜欢只关注一件事情。因此，他们非常容易被情绪吞噬。如果你能够在生活中多发展自己的兴趣，既能够体验激情的热烈奔放，又能够享受悠然自得的生活情趣，那么，在情绪遭遇比较大的转换时，你就能够保持一颗平常心。

最后，充分发挥理智对情绪的调控作用。研究发现，激烈的情绪，如“乐极”“怒急”“悲极”“气极”等对身体都不好。所以，当遇到事情的时候，你要保持适度的冷静和清醒。欢乐时，主动降温；苦闷时，换个积极的想法，避免剧烈的情绪波动。

我们发现越成功的人，情绪越稳定。所以，不论面对什么事情，你都不要慌张。要明白，没有什么事情是不能够解决的。

# Chapter 8

# 构建积极的情绪调控模式

## 掌控情绪，从来都不只靠忍

中国文化中有一句古话：“忍一时风平浪静，退一步海阔天空。”可以说，这句话人尽皆知。历史上体现了隐忍功夫的案例也深受人们的赞叹。比如，越王勾践卧薪尝胆，最终“三千越甲可吞吴”；韩信受胯下之辱，面无愠色，成为大将军之后还回来报答那个侮辱过他的青年……

所谓“小不忍，则乱大谋”，当我们情绪起来的时候，不管是愤怒，还是忧伤，抑或是过于高兴，都会影响到我们对某些事情的判断，导致我们采取一些要么极端要么轻率的做法，最终后悔莫及。

不知道从什么时候开始，“打不还手，骂不还口”的好好先生形象被人们奉为一种高情商的表现，好像“有脾气”是非常无脑的表现。但是，人们都有七情六欲，如果产生了负面情绪，一味地压抑、忍让，只会让自己忍出内伤。

王静最近很不开心，有一位舍友总是找理由挑她的毛病。

有一次，阳台上传来水滴声，恰巧王静这天也洗了衣服。这位舍友就不高兴地对王静说：“你衣服上的水都滴到我的盆里了，你能不能别把衣服晒在我脸盆上面？”

王静说：“不可能啊，我是用洗衣机洗的，都甩干了的。”但都是一个宿舍的舍友，碍于面子，王静不好意思和对方起冲突，还是起身将衣服挪了。

过了一会儿，这位舍友又说：“你的衣服一直滴水，很吵知不知道。你这种人怎么这么自私，一直打扰别人学习。”

王静觉得很委屈，明明不是自己的问题。而且，这样的事情发生过很多次了，这位舍友动不动就指责自己。每次她都忍过去了，这反而让对方变本加厉了。

其实，掌控自己的情绪，从来都不是靠忍来实现的。你想要克制自己的情绪，关键并不是不吵架。一味地忍让，反而会给对方留下你好欺负的印象。

当你遭遇负面情绪的时候，该发泄就发泄。当然，你不能够迁怒别人。适当地发泄，不仅可以帮助你纾解情绪，而且可以让你免遭不公。比如说，当属于你的成绩被别人抢走的时候，如果你为了和平一味地退让，不但自己会不开心，还会使对方更加贪婪。这个时候，你不要忍让，站出来和对方光明正大地理论，那他就不敢再欺负你。

很多时候，情绪产生了之后，如果强行压制着，忍着不去发作，固然也是有效的。但如果仅仅是忍耐，而不去化解情绪的话，虽然表面平复了，但影响仍然会在。只是忍耐，也会容易产生以下几种结果。

一种是，一时的容忍只是因为自己的力量不够与对方对抗，等到条件成熟了，甚至会加倍奉还给对方。比如，人们常说的“君子报仇，十年不晚”，这句话我们还可以换一种角度解读：将负面情绪暂时压抑下来，但是并不代表彼此的恩怨一笔勾销，仇恨依然存在，等我找到机会，自然要报复回来。这样，就会形成“冤冤相报何时了”的局面。所以，彼此间若心存芥蒂，不要隐藏起来，找到化解的方法才是最终的目标。

当然，还有一种情况就是，虽然你并没有想着报复对方，并且将所有的不快隐藏在心中，但是，对于彼此的矛盾，你并没有忘记，只是碍于面子，不愿表达出来。这个矛盾就像是一根刺一样扎在你的心中，时不时地就会让你痛一下。抱着这种心态去和他人交往，通常会给彼此带来不愉快的体验。

中国人经常讲“吃亏是福”，但很多时候我们大多数人并没有那么豁达的心胸，没有那么大仁大义。许多人口头上说着没事儿，但心里一万个不愿意。这也并非一种好现象。

据权威数据显示，现代社会，有超过十分之一的人患有不同程度的抑郁症。而抑郁症也大都是内心的情绪得不到化解，把什么烦恼都憋在心里，长期压抑自己而产生的。

抑郁症会对人们的日常生活造成严重影响。轻者意志消沉，思维迟钝；重者可能会悲观厌世，甚至自杀身亡。

陈建国是一名国企技术员工，最近几年，经常感到头疼、腿疼、情绪低落、记忆力差，嗓子里像有什么东西堵着一样，吃了好久的中西药也不管用。

后来他到一家心理咨询机构接受心理治疗。最终了解到，他从初中开始一直有一个心结，就是认为自己的门牙长得不好看，总是企图掩盖自己的门牙。虽然事情不大，但老陈始终处于焦虑的状态。长期下来，这件事极大地消耗了他的心理能量，不仅导致他的精神上产生了一些问题，他的身体上也出现了气血瘀滞的症状，进而引发了病变。

由此可见，当你产生负面情绪时，一味地将其压抑在心底，是一种非常不理智的行为。我们常说“堵不如疏”，学会排解自己的消极情绪，是你一直保持良好情绪的关键。所以，不管因为什么产生了心结，不要装作不在意，更不要强压在心底，要找到一个好的排解方法，将情绪宣泄出去。

## 兴趣是调节和排解不良情绪的一个好出口

孔圣人曾说："知之者不如好之者，好知者不如乐之者。"意思就是说：一个人在做一件事情时，明白这件事情的人不如爱好这件事情的人，爱好这件事情的人，又不如以它为乐的人。

所以，不论做什么事情，对这件事有兴趣非常重要。兴趣是指一个人积极探究某种事物及爱好某种活动的心理倾向。一个人对某种事物感兴趣，就会产生接近这种事物的倾向，并积极参与有关活动，表现出乐此不疲的热情。在做我们感兴趣的事情时，我们的心理状态也会是愉悦的。

刘华文今年刚好三十岁，是一家公司行政部门的中层领导，平时大多是处理一些烦琐的事，工作兢兢业业。

但是，最近他总是感觉浑身无力，无精打采，日复一日地干着差不多的工作，早已经失去了刚工作时候的冲劲儿。

而且，他平时一直将主要精力放在工作上，觉得发展业余爱好是在浪费时间，所以他也没有其他的业余爱好。现在每天除了工作，他再也找不到有意思的事情做。长时间面对生活和工作的压力，他逐渐产生了失望、挫败之感。

当你心情不好时，找一些感兴趣的事情去做，说不定之前的烦恼也会烟消云散。并且，心情好了，思维也会更加开阔，当时觉得棘手的事情说不定也会迎刃而解。

做感兴趣的事情，不管做得好不好，以后会不会当成专业，在做的过程当中，心里的愉悦也是有益的。

很多时候，一直无所事事，是非常容易引起心情沉闷的。在清晨，我们经常能够在公园里看到一些大爷提着鸟笼逗逗鸟，一些大姐、大妈一块儿跳广场舞，并且他们的脸上往往会露出快乐的表情。当你遭遇了坏事情时，找一些喜欢的事情做，转移一下注意力，这样你就不会把过多的精力纠缠在那些烦恼的事情上。

爱因斯坦说过："兴趣是最好的老师。"不同的兴趣爱好，对我们的身心也会有不同的影响。兴趣爱好不仅能让我们暂时放下忧心的事，长期坚持下来的话，还会增强我们的精神力，有助于我们应付更多的烦恼和困境。

书法绘画可以让我们的心态平稳安静，有利于修身养性，延年益寿。

下棋可以让我们思维敏捷，做事情也会多考虑几步。

听音乐，可以纾解忧郁苦闷的心情，可以帮助入眠、提高免疫力，甚至在某些心理治疗中，还有音乐疗法。

跑步、打球等体育运动，可以增强身体素质，为情绪方面建立坚实的基础。

登山旅游，可以开拓自己的心胸气度，就像大诗人杜甫写的那样："荡胸生曾云，决眦入归鸟。会当凌绝顶，一览众山小。"

下厨做饭，可以让我们懂得更多的健康养生的道理，也是非常有意思的事情。

……

兴趣本身会带给我们诸多益处。此外，将兴趣培养成一种特长，在人际交往时，我们会更容易融入团体中，其他人也会因为我们的见多识广或者多才多艺而对我们刮目相看。尤其是对于一些性格内向、容易自卑的孩子来说，有一个特长可以极大地提升自信心。

“酒逢知己千杯少，话不投机半句多”，当我们对某些事有兴趣后，很容易结识更多的志同道合的朋友。其实我们肯定不只谈兴趣，平时工作生活上的一些烦心事，面对家人都可能不愿倾诉，但是，在朋友面前可以畅所欲言，一吐为快。

所以，多一些兴趣，也会多一些朋友，不管是现实的问题，还是心里的烦恼，也就都多了一些解决的渠道。

正所谓：“磨刀不误砍柴工。”很多有车一族平时开车的时候，即便车子没坏，也要定期保养。兴趣爱好也就好比人生中的润滑剂，虽然未必会给我们带来财富上的收益，却能让我们的精神一直保持着活力。

许多事情并非我们喜欢了才会去做，而是在做的过程中逐渐了解到这件事的乐趣所在。多做一些尝试和了解，了解越深入说不定就会越喜欢。

人生在世，许多事情或许不得不做，而这也是许多烦恼的来源。除了在业余时间培养一些爱好外，多去发现平时所做事情的乐趣，寻找到其背后的意义。将人生和兴趣结合，是一种更智慧的生活方式。

## 进行积极的心理暗示，赶走坏心情

许多人可能都看过赵本山和范伟演的《卖拐》这个小品。当中，赵本山采用各种语言还有动作上的“忽悠”，成功地让范伟觉得自己是个瘸子，从而把拐卖了出去。这就是一种心理暗示，虽然很少有人会这么容易被“忽悠”，但很多情况下，我们确实会受到各种各样的暗示的影响。影响可能是积极的，也可能是消极的。

有一个人经常会杞人忧天。他经常会发愁：

“我现在过得实在太不好了，我可能永远也没有办法赚够钱来娶我喜欢的女孩。”“我觉得别人看我的眼神都是在嘲笑我。”“我觉得我的胃病越来越严重了，我可能会死。”“我再也无法忍受这个工作了，它让我很不愉快。”

总是这样想，自然就会郁郁寡欢。就在他的情绪快要面临崩溃的时候，朋友告诉了他一个改变的方法：尽力去想一些好的事情。

从这以后，这个人遇到事情，尽量控制自己不要往不好的方面想。他会对自己说：“不要着急，慢慢来，我一定能够取得成功。”“别人怎么看我并没有关系，最重要的是我能够做好自己。”“我的身体很健康，如果感觉到不舒服马上去医院。”“正是因为有这份工作，我才能够养活自己，我要感谢它，并且尽最大的努力做好它。”

这样想了之后，他发现生活也不是如他想象中的那样糟糕，而且所有的事情正慢慢地朝着好的方向发展。

暗示是指：用含蓄、间接的方式，对别人的心理和行为产生影响，使对方不自觉地按照一定的方式行动，或者不加批判地接受一定的信念和意见。在中国历史上，也不乏因为心理暗示而转变心态的故事。

一个杯子里装着半杯水，有的人看到了就会说“唉，就剩半杯水了”，有的人则说“不错，还有半杯水呢”。持消极看法的人，关注点在缺少了的那一部分，那一部分没有了，就会消极看待；而持积极看法的人，关注的则是拥有的那一半。

积极和自信的心态，是做事成功的基石，而心态是可以用自我暗示诱导和修炼出来的。你相信你能成功，你就会成功；你觉得你会失败，你就会失败。

关注自己当下所拥有的，虽然看起来和期望自己未来一定会实现的心态相矛盾。但其实不然，知足于当下，并非说是让我们安于现状、不思进取、不做远虑，而是让我们先要有一个健康坚定的心态，然后再去期望未来。

儒家经典《大学》中有一句话是这样的：“知止而后有定，定而后能静，静而后能安，安而后能虑，虑而后能得。”心思安定地思量才会有所得，并且，许多事也不是一下子就能实现的，而是一步步积累起来的。如果总是焦虑不安、怨天尤人，发毒誓般地暗示自己，以后一定会怎么怎么样，那么没达到预期，或许会破口大骂方法不灵，即便实现了，或许也得不偿失。

晋朝时期，有一位叫乐广的读书人，他的一位密友很久没来了，再见面时，乐广问其原因，他的朋友就说："前些日子在你家做客喝酒，看见杯中有一条蛇，心里很恶心，之后就得了一场重病。"

其实杯子里的只是挂在墙壁上的一张弓的倒影，当朋友了解到实情后，也就不再疑虑，病也逐渐好了。这就是"杯弓蛇影"的典故。

在心理学中，有一种说法叫"吸引力法则"，就是当你的思想专注在某一领域的时候，跟这个领域相关的就会被你吸引而来。就像上文中"杯弓蛇影"的故事那样，总想着吃了不好的东西，身体就真的生病了。如果自己积极乐观，即便真的有病了，说不定也会逐渐好起来。

积极的心理暗示，不仅仅是说"我要……"，而是内心充满着热情、阳光、快乐，关爱自己，也照顾别人。

关于积极的自我暗示，还有一些要注意的地方：

比如，暗想着某些事情已经实现了的那种状态，而不是"以后，我要……"，后者只是空想而已；语句不用太长，越短越有效；说的话明确坚定，不要含糊其辞、脱离实际，或者盲目和别人攀比；关注自己要成为什么样的人，做成什么样的事，而不是期望他人出现坏结果。

可以参考下面一些常用的积极的自我暗示：

（1）日常说的口头禅：太棒了，没问题，没关系。

（2）一切都是最好的安排。

（3）每天都是美好的一天。

（4）我一定能做到，失败永远不会把我击垮。

（5）我要真诚地对每一个人笑。

（6）我要珍惜每一分钟，绝不让时间白白流逝。

（7）想到就干，立即行动。

（8）自信、勇敢、乐观、实践是我人生的宗旨。

……

心态决定命运，而心态的好坏并非源于外界，而在于我们自己。积极的心理暗示，就会带来积极的心态，进而，人生会充满阳光、快乐。

## 跟谁说不重要——把烦恼说出来是关键

我们每天都和各种各样的人打交道，遇到的事也并非都会称心如意。日复一日积累的情绪就像堤坝里蓄的水，如果得不到有效的宣泄，终有一天会酿成决堤的后果。有什么烦恼及时倾诉，即便无法彻底化解，心中的压力也会释放不少。

如果我们能够遇到一位有见识的聆听者，他能对我们的烦恼给予恰当的点拨，就能够让我们拨开迷雾，找到事情的真相。当然对方也可能只是聆听，并未给予回应，而且也不一定真的能听懂我们的心思，即使这样，他对我们的帮助也非常大。

徐玉有一位好朋友，两人在生活中总是互帮互助。有一次，徐玉失恋了，整个人郁郁寡欢。

朋友察觉到她低落的情绪，问她发生了什么事情。

徐玉便将自己失恋的事情告诉了朋友，并且一边哭一边说："我也不知道自己做错了什么，他为什么要这么对我？"

朋友耐心地听徐玉哭诉，并且给她安慰的抱抱。徐玉发泄完之后，心情也变得轻松很多。当然，一旦朋友有了困难，她同样也义不容辞。

很多时候，将烦恼说出来，是一种自我疗愈的方法。我们不必太在意面子上下不来台，或者觉得自己显得懦弱，要被别人怜悯。谁不会遇到一些不如意的事，心里不会有一些伤痛呢？有了烦恼说出来，并不代表就比别人低一等。实际上，大多数聆听者，即便给不出解决烦恼的方案，基本上也不会看不起我们的。如果对方真的会落井下石的话，那么这样的朋友不交也罢。

但是，你要注意，倾诉并非无休止地怨天尤人。你也不能把所有的烦恼都归咎到其他人身上，说人是非，道人长短。否则，不但会让听的人厌烦，也会让自己的烦恼越来越严重。

倾诉，重点在于表达自身的情绪——我受到了什么委屈，遇到了什么样的困境，希望得到什么样的依靠和慰藉。

当我们在诉说烦恼的时候，我们也就会像一位旁观者那样，从头到尾审视着我们的烦恼。有些烦恼或许是因为我们小题大做，或许是因为瞻前顾后，或许是因为迁怒于人，也或许是因为别人的无心之过。通过审视烦恼，我们会发现很多的烦恼不过如此，没什么大不了的，不必那么耿耿于怀。最后，我们更容易跳出烦恼的纠缠，不再为烦恼所困。

倾诉和倾听本就是互相成就的。倾听者的“不重要”，并非一点儿意义也没有，而是不要“显得”那么重要。倾听者所要做的，是要尽量“无为而为”。

何为“无为”呢？就是不管事情的过错是在倾诉者口中的他人还是在倾诉者本身，我们做到听就好，不要随意评价。你平静地倾听对方的诉说，给予对方足够的信任感即可。如果你站出来对对方评判曲直，只能让对方关闭心门，不再诉说。

从前看过一部电影，讲述的是一位大商人，他在生意上非常成功，情感却陷入了低谷。他想要找人倾诉一下心中的烦恼，然而他认为周围的人都是为了金钱接近他的，根本不值得信任。

长时间把苦闷憋在心里，这位大商人越来越暴躁。甚至，他觉得自己再不诉说就要爆炸了。有一天，他发现了一棵树，觉得这棵树绝对不会将自己的烦恼告诉别人。于是，他对着树尽情地倾诉着自己的烦恼。然后，心情终于舒畅了。

这件事其实一点儿也不荒诞。我们许多人虽然不会对着树去诉说，但是，很多时候，我们也会对着不会对我们有回应的事物表情达意：年迈的父母许久未和儿女见面，或许会拿起照片来念叨；小孩子偶尔有委屈了，也会对着布娃娃或者小猫小狗说心事；还有很多人将心情诉诸笔端，写成文字。这些做法其实都是在倾诉自己的心思、烦恼，即便没有人回应，也可以得到些许慰藉。

所以，跟谁诉说并不重要，有情绪了表达出来更重要。统计表明，女性的平均寿命要比男性高三四岁，除了男性面对事业的压力比较大等原因之外，或许也有一部分原因是基于既有的文化氛围，很多男性觉得自己应该做到“男儿有泪不轻弹”，有苦有累也不说，从而内心的压力越来越大。这样其实倒不如像许多女性那样时常絮叨絮叨。

倾诉，可以让我们释放心灵的迷雾，让内心的阳光显露出来；倾诉，也可以让我们不再那么孤独，哪怕对方无言以对，也是我们最坚实的依靠。

# 你有自己的出气室吗——适度压抑与合理宣泄

我们每天面对各种不同的人和事，如果是面对称心如意的事情，就会让自己身心愉悦；如果是面对一些不尽人意的事情，就会给自己带来一些烦恼。即便许多琐碎的烦恼并不严重，但日积月累，各种烦恼互相影响，也会带来严重的障碍。所以，适当地宣泄，可以有效地缓解心理压力，恢复心态的平衡。

有一位农场主，性格非常暴躁，动不动就和人发脾气，等到冷静下来之后，又会觉得后悔。

他想要改掉这个坏毛病，却不知道如何下手。有一天，一位哲人给他出了一个主意。每当这位农场主觉得愤怒的时候，先不要说话。他可以拿起一把砍刀，到旁边的一片竹林中去砍竹子。

那些竹子长得又高又大，砍起来会很费劲。但是，每次农场主砍完竹子后，内心就会平静很多。长期坚持下来，那位农场主的脾气也温和了许多。

在生活中，虽然没有那么多的竹子可以供我们来砍，但是，我们依然可以布置一个简单的“出气室”，让心理的烦恼可以随时地宣泄出去。日本的松下电器公司，在他们的所有的企业中，都设有“出气室”和“恳谈室”，员工可以在那里得到心理疏导和情绪宣泄，从而能更有精神地投入到工作当中。

建立一个“出气室”需要注意哪些方面呢?

第一个要考虑的就是外界环境。外界环境对我们的情绪有非常大的影响，环境嘈杂难免会让人心烦意乱；闭塞昏暗也容易让人心生压抑。所以，安静、通透是一个情绪宣泄室的外界条件。

不同的色彩对人的身体器官和心态有独特的影响，如何布置宣泄室的颜色基调，也是非常重要的。

蓝色可以改善睡眠，减轻心理压力。对于经常失眠的人来说，不仅是宣泄室，甚至是卧室的墙面、窗帘等最好也多一些蓝色调。

紫色可以驱除烦躁，也有镇静的作用。绿色可以缓解紧张，消除疲劳，所以，在室内也要布置一些绿色植物。

黄色可以激发能量，提升自信，让精力更集中；橙色可以赶走抑郁，振奋精神；红色可以使人具备旺盛的精神状态；白色可以安抚人的心灵，缓解疼痛……

我们可以根据平时的精神状态，有针对性地布置色调，从而缓解自己的情绪。

还可以在出气室内贴上一些积极暗示的标语，时常对着标语做自我暗示，从而转变情绪。

然后，可以置备一些用来宣泄的设备：沙袋、塑胶人、海绵墙以及拳击手套等。心里有什么不满，可以通过不会对事物造成损害的方式宣泄出来。

在宣泄疗法当中，也有一些不是那么暴力但是非常有效的方式。比如“空椅技术”，只需要两把椅子。有烦恼的当事人是一把椅子，想象中的人是另一把。可以在他人的引导下，和想象中的人对话，将自己的情绪投向空椅子，从而实现烦恼的宣泄。通过“空椅技术”，还可以实现角色转换，感受到对方的处境，也会更容易理解和原谅对方。

除此之外，还可以采用“沙盘游戏疗法”。沙盘是一个尺寸为 $57 \times 72 \times 7$（cm），内部和底部涂成蓝色的盒子。盒子里放有沙子，当事人可以任意摆放一些沙具，每一种沙具都有不同的象征意义。在制作沙盘的过程中，当事人也在表现自己的内心世界，将内心的烦恼无意识地投射在沙盘中，从而达到内心的平和。沙盘疗法对一些焦虑症、抑郁症、社交恐惧症患者有非常好的治疗效果。

即便没有专业心理咨询师的引导，自己也可以使用“放松疗法”进行治疗。放松疗法的原理是：一个人的心情反应包含“情绪”和“躯体”两部分，躯体反应的改变也会引起情绪上的转变。

先将注意力集中到头部，咬紧牙关，再将牙关松开，牙关就会产生松弛感，然后将头部肌肉放松下来；接下来将注意力转移到颈部，先将颈部的肌肉弄到酸紧后再放松，直到感觉轻松为止。然后依次将注意力集中到肩部、胸部、腹部、手部、腿部，逐次放松。最终，全身处于松弛轻松的状态，保持一二分钟。每天做两遍，持之以恒，身心必然会轻松许多。

不管采用什么疗法，“出气室”就是一个可以为我们带来轻松愉悦，使我们感到安心自在的空间。在这里，我们的心思可以自由表达，情绪可以肆意宣泄。

## 心情不好时，好好睡上一觉

工作劳累了一天，大多数人回到家后或许最想做的就是洗个澡，然后睡上一觉。甚至有很多人，平时上班起早贪黑的，总是睡不够，一到周六周日了，就睡到日上三竿。

睡眠对我们身体健康的重要性无须多言。身体器官在我们睡眠时修复，第二天需要的能量物质也在睡眠时储备。睡眠不仅对身体健康非常重要，对情绪的调节也大有裨益。

沈月如最喜欢的事情就是睡觉了，每周的周末就是她最好的充电时间。以前，沈月如其实并不喜欢睡觉，她认为在非必要的睡觉时间休息，就是浪费生命。

但有一次，沈月如遇到一个好项目，连续加班了好几天，她的精神状态变得特别差，结果导致项目失败了。沈月如很是自责，一直认为项目失败的原因在于自己。

这个时候，她的上司对她说："小沈，项目失败了你也不用太自责。你看你的脸色这么差，先回去休息吧。"

虽然想要拒绝，但身体状况确实不允许她再继续逞强。她只好收拾东西，回家休息了。回到家，来不及做别的，沈月如倒在床上就进入了深度睡眠。

等到睡醒了之后，她发现自己精神饱满，大脑特别清醒，之前项目失败的原因也清晰地呈现在自己的脑海中。

沈月如这才明白，自己之前的做法并不正确，适当休息可以让自己的身体和情绪得到最大的放松。从这以后，她就学会了利用休息将自己的情绪保持在最好的状态中。

有心理学家曾做过睡眠剥夺实验，受试者被要求连续几天不睡觉，刚开始他们只是注意力不集中，记忆力减退，后来，他们的性情也变得暴躁易怒，人际沟通能力也有所下降。

情绪除了受认知等方面影响外，也会受到身体的影响。在中医理论中，脏腑与情绪是互相影响的，比如生气会伤及肝脏，而肝脏不好，也容易使人喜怒无常。充足的睡眠可以修复劳累受损的身体，让紧张的肌肉松弛下来，缓解大脑疲劳，让我们有足够的精力去应付生活中的各种琐事，让情绪不轻易波动。

高质量的睡眠除了可以保障身体的健康，为不良情绪的化解打下坚实的基础，对情绪也有直接的影响。

心情不好，很多时候是因为我们对某些已成定局的事念念不忘，或者对未发生的事患得患失。学着放下包袱，不再沉溺于这些得失中，心情就能转忧为安。

非做不可的事，可以先记在本子上，然后就不再去想它。发生了糟糕的事，过多地纠缠也于事无补，暂时搁置起来，好好地睡一觉，说不定第二天就会变得柳暗花明呢?

有些事，也许是我们想的过于严重了，即便损失无法挽回了，好好地睡一觉，第二天醒来，太阳照常升起，人生也在继续，身边的亲朋好友对待我们的态度也依然如故，曾经以为天大的事情其实也不过如此，并非不可承受。

每个人对待某件事情时，往往都有自己独到的立场和看法。一时的冲突不代表对方事事都要和我们对立，暂时搁置争议，第二天再见面，说不定依然和好如初。

不管我们遇到的事情是成是败，是忧是喜，时间都不会等待我们。即便有些事不如意，但已经是过去式了，到了睡觉的时间，那就把时间用在睡觉上吧。

有些心理学家认为，梦是我们潜意识的展现，在梦境中，白天受压抑的潜意识会得到充分的宣泄，因此，在不知不觉中，我们的情绪会缓和下来。

催眠疗法也在许多心理治疗中被采用。被催眠者在催眠师的指令下，进入一种嗜睡的状态，内心的潜意识被引导出来，内心的障碍也就在刹那间消失了。

好好睡一觉，对心情的调适非常有效，所以，一个好的睡眠习惯也是非常重要的。有些人心情烦躁了，就去做一些剧烈的运动，使身体劳累困乏，从而就把注意力从烦心事上转移开了。但是，睡觉前的剧烈运动会降低睡眠的质量，所以，还是做一些放松、平缓的运动吧。

睡觉之前，安神闭目地冥想五分钟，把思虑了一天的大脑做一次彻底的放松，这不但有助于睡眠，也有助于消解心中的烦恼。在睡前放下种种思虑，让不好的心情就此而止，醒来便是愉悦的一天。

## 别再消极反刍，没有什么比今天更重要

一个水杯，盛着一杯污水，把污水倒掉，才有空间盛清水。人的心灵也同样如此。美国未来学大师托·富勒说道：“记忆就像一只钱夹，装得太多就会合不上，里面的东西还会全部掉出来。”已经过去的事情，一直纠结于心，不仅会使我们心情沉重、步履蹒跚，也会让我们对遇到的好事视而不见。

宋代的大文学家苏轼，因为和当政者政见不同，一再遭受打压、排挤，一生颠沛流离。最后，苏轼被贬到了当时还是荒芜之地的海南，而他的弟弟苏辙也被贬到了雷州。

有一次，两人在滕州相见，一块儿吃饭的时候，苏辙就觉得这些饭菜简直“粗恶不可食”，不住地唉声叹气。

当然，苏辙哀叹的并不是饭菜不可口，而是境遇不如意。而苏轼却端起饭菜，三两口就下肚了，并且诙谐地调侃弟弟：“莫非你还想细细品味吗?”

苏轼有一首《食荔枝》的诗：“罗浮山下四时春，卢橘杨梅次第新。日啖荔枝三百颗，不辞长作岭南人。”这首诗是苏轼被贬谪惠州时所作，惠州虽是流放之地，但风景优美，还有

新鲜的荔枝吃，苏轼甚至将其当作了自己的另一个故乡。正是这种“既来之，则安之”的豁达心态，让苏轼成为豪放派文学家的代表，备受后世的推崇。

生活中总有不如意之事，如果反复咀嚼，伤感便越难以释怀。放下过去，并非完全忘却，而是不再执迷于过往。即便我们要吸取一些经验教训，以期同样的错误不会再犯，我们的关注点也应该是在当前或者往后，在谈起过往时，心里的态度应该是平静、达观的。

心态上的乐观与否，选择权其实在我们自己，而非外界环境。有人说，乐观的人倾向于忽略坏消息，甚至选择对明明已经发生的坏结果“不相信”。不相信结果是坏的，会增强我们的自信心，让自己在面对困难时无所畏惧。只有始终保持着自信心，保持着希望，才会有心思考虑应对困境的方法，说不定最后还可以转败为胜。

西楚霸王项羽戎马一生，鲜有败绩，然而他并非时时都比敌方有优势。当初秦军围困了赵国，其他诸侯见秦军声势浩大都不愿意出兵救赵。而项羽只有两三万人马，与秦军相差悬殊，但是，他让士卒只带三日的干粮，把锅灶砸掉，以示必胜之心。后来项羽大获全胜，这就是“破釜沉舟”的故事。

当我们认为没有机会时，我们就真的没机会了；当我们心怀希望时，我们就仍然会有希望。

即便最终结果仍然没有改变，我们也可以“输得有尊严”，面对失败也不觉得自己是无能而卑微的。

项羽也遭遇过失败，最大的失败莫过于“垓下之战”。项羽全军覆没，在乌江边上，觉得无颜见江东父老，最后自刎而亡。或许正是因为以前一直都太顺利了，一遇到失败，便无法接受，从而没有给自己卷土重来的机会，这也是可叹之事。

虽然人生中的许多事都属于“开弓没有回头箭”，但是，一步走错，不代表一定会“满盘皆输”。莽撞冒进、不吸取经验教训固然不可取，过于谨小慎微、优柔寡断，“一朝被蛇咬，十年怕井绳”同样不可取。后者会让我们错过更多的机遇。不管事情如何，我们仍需继续向前。

当时过境迁之后，我们最终也会发现原来的困苦也不过如此，它们终究会过去。就像许多人经历过的失恋一样，当感情无法挽回的时候，我们是那么的悲痛欲绝，觉得再也不相信爱情了。但最后，我们会遇到一位真正能相伴终生的人。

其实，不仅伤心的事要随时放下，不要反复咀嚼，一味地沉浸于曾经的成功、辉煌、快乐中，也会让我们的内心被蒙蔽，让我们错失当下。

据说，日本的一些企业在年终时，都要举办“忘年会”。在会上，没有领导发言，也没有先进表彰，只有一句简单的新年致辞：忘记过去，新的一年努力吧！荣誉也罢，挫折也罢，代表的都是过去，甩掉这些“行囊”，才可以创新业。

有些事错失了，说明它们本就不属于你；有些人离开了，说明他们并非和你是同路人。这不代表我们将一无所有，孤苦伶仃。得与失、成与败、聚与散的循环往复本来就是我们人生的常态。不念过往，不畏未来，安于当下，才会人生常乐。

## 停止“全都完了”的思维模式

很多时候，当你的脑海中出现“全都完了”的想法时，那很可能你所想的真的会变成现实。人生中会有诸多困境，但是，再艰难的境地都不代表“无路可走”。要么咬紧牙关，坚持一下，可能就会迎来柳暗花明；要么调整方向，换个角度，开始一段全新的旅程。不管是哪种选择，都不能坐以待毙，想着“一切都完了，不会再有机会了”。

德国的著名音乐家贝多芬在二十七岁的时候就患上了耳疾，以后越发严重。听觉对于音乐的重要性不言而喻。曾经，贝多芬也一度绝望得想死，但后来，他说了一句话：“我要扼住命运的咽喉。”他不仅没有放弃音乐，反而创作了《命运交响曲》这样伟大的作品。

十九世纪末，芝加哥的一条商业街起了一场大火。在这场大火中，许多店铺变成了断壁残垣，很多商家十几年积攒的心血和财富也付之一炬。

经受了这么大的打击，很多商家都不愿意继续在这里做生意，选择离开了芝加哥。这个时候，其中一个商人，却指着被烧毁的店铺说："我要从这里开始，盖全世界最大的商城。"

很多人都用看疯子的眼神看着他，认为他这是异想天开。但是，这位商人并没有被不幸打倒，他坚信自己能够成功，并且朝着这个目标努力。

几十年过去了，商人口中的商城逐渐建立起来，市场也越来越繁盛。这位商人就是后来鼎鼎有名的马歇尔·费尔德。

事实上，生活中总会有你意想不到的灾难发生。我们不可能全部躲避掉，但是，也不需要对此恐慌。巴尔扎克说："绝境是天才的晋身之阶，信徒的洗礼之水，能人的无价之宝，弱者的无底深渊。"无论古今中外，许多伟大的人物之所以取得非凡成就，靠的并非普通人无法企及的聪明才智，而是在逆境甚至绝境中，比其他人多了一份忍耐。假如人生中没有磨难，可以说这就是一种磨难，因为许多非凡成就会难以产生。

太史公司马迁在《报任安书》中也说道："盖文王拘而演《周易》；仲尼厄而作《春秋》；屈原放逐，乃赋《离骚》；左丘失明，厥有《国语》；孙子膑脚，《兵法》修列；《诗》三百篇，此皆圣贤发愤之所为作也。"而他自己，受到宫刑这样的奇耻大辱，也不愿放弃编写《史记》的事业。或许，也正是因为这种悲愤的经历，他才得以写出"史家之绝唱，无韵之离骚"的史学巨著。

面对绝境，坚持这条道路，需要坚定的信念。而换个方向，重新开始，也是一种圆融的智慧。

上一次的失去是为了下一次更好的得到，旧的不去，新的也不会来。即便我们不会成为多么伟大的人物，做出多么伟大的事业，但平时的生活、工作中也该有这种"千金散尽还复来”的心态。

露易丝家里以种苹果为生，独特的高原气候使得他们的苹果色泽红润，美味可口，因此苹果总是供不应求。

不过，有一年，那里下起了冰雹，还未成熟的苹果被砸了许多口子，这种灾难可以说是毁灭性的。眼看苹果将无法销售出去，露易丝以及当地的果农没有陷入绝境，他们打出了这样一则广告：

“亲爱的顾客，我们的苹果除了美味香甜外，还有一个独特的标志，那就是冰雹带来的吻痕。”这样一来，他们那里的苹果依然都卖了出去。本来会带来毁灭性打击的缺点，也成了一个卖点。

在生活中，没有人能够完全避免失败。你完全不需要对一次小小的失败绝望，学会将“全都完了”的念头抛在脑后，冷静地分析失败的原因，并且从不放弃希望。这样你就能够找到东山再起的机会。

其实，人生的每一天都是一个新的高度，即使是大发明家爱迪生，也不是一次就成功地发明了电灯。但是，他拥有百折不挠的精神。他可以在实验室被大火烧了之后淡定地说道：“我所有的错误都被烧光了，又可以重新开始了。”所以，每个人都应该把悲伤的失败留给曾经，在失败、困境的基础上，继续前行，终究会迎来更加美好的未来。